LAS TIC Y LA
COMUNIDAD SORDA

Mª Angeles Martínez Sánchez

ÍNDICE

Prólogo   5

1. Introducción   7

2. Accesibilidad de la Comunidad Sorda: Legislación y Normativas sobre Uso de las NTIC para la Mejora de la Calidad de Vida de la Comunidad Sorda   10

3. Entidades Privadas y Públicas Trabajando en el Desarrollo de las NTIC en Beneficio de la Comunidad Sorda   48

4. Proyectos Basados en NTIC para la Comunidad Sorda   57

5. Conclusiones   78

6. Bibliografía   79

PRÓLOGO

Una de las principales virtudes de las Nuevas Tecnologías de la Información y la Comunicación es su potencial para la igualdad de oportunidades, contribuyendo así al desarrollo de una sociedad más justa y más equitativa. Las Nuevas Tecnologías permiten hacer de la innovación, la creatividad y el ingenio elementos imprescindibles para seguir construyendo una sociedad en la que la diferencia, sea cual sea su origen, no suponga un obstáculo para el desarrollo personal y profesional de las personas. Las Nuevas Tecnologías forman parte de nuestra vida, y son un importante instrumento de supresión de barreras y de inclusión social para la comunidad sorda.

En este trabajo vamos analizar el impacto que ha supuesto el uso y aplicación de las Nuevas Tecnologías de la Información y las Comunicaciones en el Mundo de la Comunidad Sorda. Analizaremos este impacto desde los siguiente ámbitos de actuación:

1. Normativas que regulan el uso de las NTIC para la mejora de la calidad de vida de la comunidad sorda

2. Instituciones privadas y públicas que contribuyen al desarrollo y aplicación de las NTIC en la mejora de la calidad de vida de la comunidad sorda.

3. Proyectos concretos orientados al desarrollo de aplicaciones de las NTIC en la mejora de la calidad de vida de la comunidad sorda.

1. INTRODUCCIÓN

La irrupción de las Nuevas Tecnologías de la Información y las Comunicaciones (NTIC) en España ha tenido una gran repercusión social en áreas como el mercado de trabajo, las finanzas, la formación, la educación, las telecomunicaciones y en el ámbito de la discapacidad, influyendo en la mejora de la calidad de vida de los discapacitados en general y de las personas sordas en particular.

Centrándonos en el ámbito de la comunidad sorda y haciendo un recorrido histórico que yo he vivido en primera persona, he de destacar que si bien hace 10 años estaban llegando los ordenadores y su conexión a Internet en las distintas asociaciones de personas sordas, ahora se ha convertido en una herramienta indispensable que acerca a toda la comunidad sorda.

EL manejo de las distintas herramientas como los ordenadores, las pda, los teléfonos móviles adaptados a las personas sordas, los videoteléfonos etc.. han supuesto una gran revolución en el acceso a la comunicación y la información de las personas sordas.

Algunas entidades públicas como la **Consejería Para la Igualdad y Bienestar Social** [1] y **La Consejería de Economía, Innovación y Ciencia** [2] a través de distintos planes de apoyo para el acceso a las nuevas tecnologías ha proporcionado recursos económicos a distintas instituciones públicas y privadas para que tanto las personas sordas como las entidades asociativas nos subamos al carro de la era de las NTIC .

Así empresas y fundaciones como **Telefónica** [3], **Vodafone** [4] y **Orange** [5], dedicadas a las telecomunicaciones, aplicando la más reciente tecnología, han puesto en funcionamiento proyectos y recursos tecnológicos que han modificado el comportamiento y la dinámica de las personas sordas, facilitando el acceso a la cultura, la formación y las relaciones sociales ampliando su visión del mundo.

Destacar la labor de la **Confederación Nacional de Personas Sordas** [6] y su proyecto de la **WEB Ciudad Sorda** [7] (ver Figura 1).

Más adelante hablaremos de los distintos proyectos que todas estas entidades han puesto en marcha y que han tenido una gran repercusión social.

También estas entidades y otras cercanas a nosotros como Caja Granada, han apostado por la alfabetización digital del colectivo de personas sordas para facilitarles el acceso a esas NTIC a través de la subvención de proyectos de formación.

Figura 1. Web del Proyecto Ciudad Sorda Virtual

Veremos también que las Instituciones Públicas han apostado por apoyar a las personas sordas para la adquisición de esas herramientas a través de subvenciones individuales.

 Quiero decir con esto que en los 10 últimos años la Comunidad Sorda ha pasado de tener un fax en casa para comunicarse con otras personas a utilizar el móvil, el videoteléfono, la pda e Internet con el gran abanico de posibilidades como el Messenger, las videoconferencias, el correo electrónico, y la utilización de las redes sociales como facebook o twiter. Ha conseguido tener acceso a la televisión a través de los subtítulos y en ocasiones a través de la interpretación simultánea en lengua de signos de algunos programas de televisión.

Muy importante en Granada es la labor de la empresa de SignoVisión productora de programas de televisión que se emiten en Lengua de Signos en Canal Sur.

Durante el desarrollo de este proyecto vamos a ver la importancia de algunos conceptos como accesibilidad para todos, legislación y entidades que han sido fundamentales en esta revolución tecnológica.

2. ACCESIBILIDAD DE LA COMUNIDAD SORDA: LEGISLACIÓN Y NORMATIVAS SOBRE USO DE LAS NTIC PARA LA MEJORA DE LA CALIDAD DE VIDA DE LA COMUNIDAD SORDA

Tal y como ya he comentado, comenzaremos por definir lo que significa el término **accesibilidad** que se define como el grado en el que todas las personas pueden utilizar un objeto, visitar un lugar o acceder a un servicio, independientemente de sus capacidades técnicas, cognitivas o físicas.

Para promover la accesibilidad se hace uso de ciertas facilidades que ayudan a salvar los obstáculos o **barreras de accesibilidad** del entorno, consiguiendo que estas personas realicen la misma acción que pudiera llevar a cabo una persona sin ningún tipo de discapacidad. Estas facilidades son llamadas **ayudas técnicas**. Entre éstas se encuentran el alfabeto **Braille**, la **lengua de señas**, las **sillas de ruedas**, las señales auditivas de los semáforos, etc.

Considerando "**Convención sobre los Derechos de las Personas con Discapacidad**" [8], la accesibilidad es un derecho que implica la real posibilidad de una persona de ingresar, transitar y permanecer en un lugar, de manera segura, confortable y autónoma. Ello implica que las barreras de entorno físico deben ser suprimidas.

En medicina es una de las características básicas de la atención primaria, junto con la coordinación, la integralidad y la longitudinalidad. La accesibilidad es la provisión eficiente de servicios sanitarios en relación con las barreras organizacionales, económicas, culturales y emocionales.

En **Informática**, la accesibilidad incluye ayudas como las tipografías de alto contraste o gran tamaño, magnificadores de pantalla, lectores y revisores de pantalla, programas de reconocimiento de voz, teclados adaptados, y otros dispositivos apuntadores y de entrada de información.

La accesibilidad aplicada al contenido de **Internet** se denomina **accesibilidad web**. En las siguientes subsecciones analizaremos los conceptos de accesibilidad Web, de Web accesible así como legislación, normativas y directrices que regulan el concepto de accesibilidad en la Web y de todo tipo de sistemas desarrollados con las NTIC.

2.1 La Accesibilidad Web

La accesibilidad Web significa que personas con algún tipo de discapacidad, incluyendo problemas visuales, auditivos, físicos, cognitivos, neurológicos y del habla, van a poder hacer uso de la Web. En concreto, al hablar de accesibilidad Web se está haciendo referencia a un diseño Web que va a permitir que estas personas puedan percibir, entender, navegar e interactuar con la Web, aportando a su vez contenidos.

Un navegador Web es una aplicación software que permite al usuario recuperar, mostrar y ejecutar diferentes tipos de documentos desde servidores Web de todo el mundo a través de Internet. Los navegadores actuales no sólo interpretan los contenidos de un servidor Web para mostrarlos correctamente, si no que la gran mayoría de ellos ofrecen multitud de opciones para poder adecuar los contenidos Web a las preferencias de los usuarios finales. En el caso de las personas con discapacidad, las posibilidades de adaptación del navegador van a condicionar el acceso a los contenidos, por tanto, la correcta elección del navegador y la explotación de sus posibilidades técnicas van a reportar en el rendimiento final de la aplicación. Las necesidades de determinados usuarios de la Web hacen que no sea suficiente una correcta elección del software de navegación, a esta elección se deben sumar la utilización de ayudas técnicas (como son los lectores de pantalla, los magnificadores de pantalla, la línea braille, el software de reconocimiento de voz, etc.), que les permitan acceder de forma eficiente a la información presentada por el navegador.

En el caso de la discapacidad auditiva, ésta puede ser muy diversa, desde problemas leves de audición, sordera parcial o sordera total. Los problemas leves de audición se corrigen mediante instrumentos amplificadores del sonido. Las personas con dificultades auditivas deberían encontrarse con muy pocos problemas ante las interfaces actuales para el acceso a la información, ya que la mayoría están basadas en información visual. El diseñador de contenidos debe tener en consideración la codificación de los mensajes de alerta mediante sonidos (como puede ser un mensaje de error) y utilizar mensajes textuales simultáneos.

Las personas sordas o con deficiencia auditiva no perciben avisos sonoros ni pueden acceder a la banda de audio de los elementos multimedia. En los casos de sordera prelocutiva, es posible que manejen un vocabulario relativamente restringido, y pueden tener dificultades para entender textos en los que abunden términos poco usuales, de sintaxis compleja o excesivamente largos. La subtitulación adaptada y la información contenida en imágenes y diagramas son de gran utilidad para este tipo de usuarios, así como la posibilidad de incluir videos en lenguaje de signos.

2.2 La Web Accesible

La Web es un recurso muy importante para diferentes aspectos de la vida: educación, empleo, gobierno, comercio, sanidad, entretenimiento y muchos otros. Es muy importante que la Web sea accesible para así proporcionar un acceso equitativo e igualdad de oportunidades a las personas con discapacidad. Una página Web accesible puede ayudar a personas con discapacidad a que participen más activamente en la sociedad.

La Web ofrece a aquellas personas con discapacidad una oportunidad de acceder a la información y de interactuar. La importancia de los diversos aspectos sociales de la accesibilidad de la Web es diferente para las organizaciones y situaciones específicas. Por ejemplo, la meta de una organización podría ser convertirse en ser líder en responsabilidad social corporativa, otra organización podría estar especialmente interesada en atraer capital de fuentes de inversión socialmente responsable, y otras podrían estar interesadas en demostrar su enfoque en un grupo social específico, como las personas mayores.

La Web es un medio importante para la recepción de la información, así como de proporcionar información e interactuar con la sociedad. Por lo tanto, es esencial que la Web sea accesible a fin de ofrecer igualdad de acceso y la igualdad de oportunidades para las personas con discapacidad. Este derecho humano fundamental reconocido en la Convención de las Naciones Unidas sobre los Derechos de las Personas con Discapacidad [8], que menciona específicamente Internet y el acceso a la información y otras tecnologías de la comunicación.

La Web es una oportunidad para un acceso sin precedentes a la información para las personas con discapacidad. Es decir, las barreras de accesibilidad a la impresión, audio y medios visuales pueden ser mucho más fáciles de superar a través de tecnologías Web. Por ejemplo, cuando la principal forma de obtener cierta información era ir a una biblioteca y leer en papel, no había obstáculos importantes para muchas personas con discapacidad, incluidos los de llegar a la biblioteca, físicamente conseguir los recursos, y la lectura del recurso.

Cuando esa misma información también está disponible en la Web en un formato accesible, es mucho más fácil para muchas personas acceder a la información. Por lo tanto, las personas con discapacidad pueden tener un acceso más eficaz y eficiente a la información a través de sitios Web accesibles donde, posiblemente, no se tenía acceso a ella antes.

La Web es una oportunidad para la interacción sin precedentes para las personas con discapacidad. Por ejemplo, algunas discapacidades limitan el tipo de trabajo que una persona puede hacer, una Web accesible puede aumentar sus opciones de empleo. Una página Web accesible también amplía las oportunidades para la comunicación, interacción social, y la participación de la comunidad para las personas con discapacidad.

Actualmente existen importantes barreras en la Web para muchas personas con discapacidad. Debido a que la mayoría de los desarrolladores Web no utilizan herramientas Web de accesibilidad. Por ejemplo, cuando los desarrolladores requieren la interacción del ratón para utilizar un sitio Web, las personas que no pueden utilizar un ratón pueden tener gran dificultad, y cuando los desarrolladores no incluyen el texto alternativo para las imágenes importantes, las personas ciegas no pueden obtener la información de las imágenes.

La estimación de cuántas personas están afectadas por la accesibilidad de la Web es difícil por varias razones. Los países definen la discapacidad de manera diferente y utilizan diferentes métodos para determinar el número de personas con discapacidad. No todas las discapacidades afectan al acceso a la Web (por ejemplo, dificultad para caminar no afecta el acceso a la Web).

El término "*brecha digital*" se utiliza a menudo para referirse a las barreras económicas y sociales para el uso de ordenadores para las personas sin discapacidad. Muchas personas con discapacidad se ven afectadas por los mismos factores económicos y sociales, incluyendo las tasas muy bajas de empleo y de ingresos bajos. Junto con las barreras en el entorno físico y en las tecnologías informáticas, los factores que pueden condicionar y aumentar la brecha digital son:

- Falta de tecnologías Web accesibles en general (por ejemplo, navegadores y herramientas de autor).

- Falta equipamientos efectivos.

- Falta de oportunidades de formación para alcanzar la competencia con las tecnologías Web.

- Acceso limitado a un entorno social que fomenta uso de la Web.

- Acceso limitado a conexiones de alto ancho de banda, o incluso de acceso a la Web normal.

Una organización que se compromete a reducir la brecha digital tiene que incluir en su actividad una descripción de la accesibilidad a la red que puede reducir el impacto de las barreras económicas y sociales para uso en la Web, para personas con necesidades de accesibilidad.

Otra consideración importante para las empresas es que la accesibilidad Web es un requisito establecido en algunos casos por leyes y políticas. En las siguientes secciones analizaremos algunas de las más importantes leyes y normativas que regulan el concepto de accesibilidad y las TIC para discapacitados y en particular, para la comunidad sorda.

2.3 Tipos de Legislación de Accesibilidad y las NTIC

La legislación referente a la accesibilidad de los discapacitados y las NTIC presenta los siguientes tipos según su alcance [19]:

- **Internacional**

Normas y legislación aplicable en todo el mundo.

- **Europea**

Legislación en países de la Unión Europea y directivas de la propia Comunidad Europea.

- **Americana**

Este apartado especial informa brevemente sobre la Sección 508 (Normas de Accesibilidad Electrónica y para la Tecnología de la Información) de las enmiendas al "Acta de Rehabilitación" de EE. UU. [27], porque es aplicable a las páginas Web que ofrezcan servicios o productos a la Administración Pública de ese país o sus ciudadanos y porque, debido a que muchas de las empresas desarrolladoras de software son americanas. Esta legislación está teniendo una gran influencia en el desarrollo de herramientas de autor accesibles y que producen contenidos accesibles para la Web.

- **Española**

La legislación tanto nacional como local

En las siguientes secciones analizamos brevemente cada una de ellas.

2.4 Legislación de Accesibilidad Internacional

En las siguientes secciones analizamos brevemente cada una de ellas. En este ámbito podemos identificar dos normas principales, que han sido usadas por diferentes países para a partir de ellas legislar específicamente sobre la accesibilidad de la Sociedad de la Información [19]:

    a. Convención de Derechos de las Personas con Discapacidad [20].

    b. Normas Uniformes sobre la Igualdad de Oportunidades para las Personas con Discapacidad [21].

2.4.1 Convención de Derechos de las Personas con Discapacidad

La Convención de Derechos de las Personas con Discapacidad fue aprobada en la Asamblea General de la ONU el 13 de diciembre de 2006 y su ratificación por parte de los Estados miembro comenzó a partir del 30 de Marzo de 2007. La Convención recoge la accesibilidad como uno de sus principios generales, en el apartado "f" del artículo 3.

Los Estados parte se obligan a asegurar y promover el pleno ejercicio de todos los derechos humanos y las libertades fundamentales de las personas con discapacidad sin discriminación alguna por motivos de discapacidad. Y a tal fin, en cuanto a la accesibilidad y participación de las personas con discapacidad en la Sociedad de la Información y del Conocimiento, en los apartados "g" y "h" se obligan a:

- g. Emprender o promover la investigación y el desarrollo, y promover la disponibilidad y el uso de nuevas tecnologías, incluidas las tecnologías de la información y las comunicaciones, ayudas para la movilidad, dispositivos técnicos y tecnologías de apoyo adecuadas para las personas con discapacidad, dando prioridad a las de precio asequible;

- h. Proporcionar información que sea accesible para las personas con discapacidad sobre ayudas a la movilidad, dispositivos técnicos y tecnologías de apoyo, incluidas nuevas tecnologías, así como otras formas de asistencia y servicios e instalaciones de apoyo;

Por otra parte, el artículo 9 está completamente dedicado a la accesibilidad en general, lo que incluye la accesibilidad en el medio físico y la accesibilidad en los sistemas de información y comunicación:

1. A fin de que las personas con discapacidad puedan vivir en forma independiente y participar plenamente en todos los aspectos de la vida, los Estados Partes adoptarán medidas pertinentes para asegurar el acceso de las personas con discapacidad, en igualdad de condiciones con las demás, al entorno físico, el transporte, la información y las comunicaciones, incluidos los sistemas y las tecnologías de la información y las comunicaciones, y a otros servicios e instalaciones abiertos al público o de uso público, tanto en zonas urbanas como rurales. Estas medidas, que incluirán la identificación y eliminación de obstáculos y barreras de acceso, se aplicarán, entre otras cosas, a:

    1. Los edificios, las vías públicas, el transporte y otras instalaciones exteriores e interiores como escuelas, viviendas, instalaciones médicas y lugares de trabajo;

    2. Los servicios de información, comunicaciones y de otro tipo, incluidos los servicios electrónicos y de emergencia.

2. Los Estados Partes también adoptarán las medidas pertinentes para:

1. Desarrollar, promulgar y supervisar la aplicación de normas mínimas y directrices sobre la accesibilidad de las instalaciones y los servicios abiertos al público o de uso público;

2. Asegurar que las entidades privadas que proporcionan instalaciones y servicios abiertos al público o de uso público tengan en cuenta todos los aspectos de su accesibilidad para las personas con discapacidad;

3. Ofrecer formación a todas las personas involucradas en los problemas de accesibilidad a que se enfrentan las personas con discapacidad;

4. Dotar a los edificios y otras instalaciones abiertas al público de señalización en Braille y en formatos de fácil lectura y comprensión;

5. Ofrecer formas de asistencia humana o animal e intermediarios, incluidos guías, lectores e intérpretes profesionales de la lengua de señas, para facilitar el acceso a edificios y otras instalaciones abiertas al público;

6. Promover otras formas adecuadas de asistencia y apoyo a las personas con discapacidad para asegurar su acceso a la información;

7. Promover el acceso de las personas con discapacidad a los nuevos sistemas y tecnologías de la información y las comunicaciones, incluida Internet;

8. Promover el diseño, el desarrollo, la producción y la distribución de sistemas y tecnologías de la información y las comunicaciones accesibles en una etapa temprana, a fin de que estos sistemas y tecnologías sean accesibles al menor costo.

2.4.2 Normas Uniformes sobre la igualdad de oportunidades para las personas con discapacidad

Estas normas fueron aprobadas por la Asamblea General de la ONU, en el Cuadragésimo octavo periodo de sessiones, de 20 de diciembre de

1993, y por tanto, antes de la reciente y significativa expansión de las NTIC en muchos países. Sin embargo, la norma 5 proporciona una guía útil para el diseño y la defensa de políticas en el área de accesibilidad. Explícitamente dice:

Artículo 5. Posibilidades de acceso

Los Estados deben reconocer la importancia global de las posibilidades de acceso dentro del proceso de lograr la igualdad de oportunidades en todas las esferas de la sociedad. Para las personas con discapacidades de cualquier índole, los Estados deben a) establecer programas de acción para que el entorno físico sea accesible y b) adoptar medidas para garantizar el acceso a la información y la comunicación.

Y en el apartado b) dice expliícitamente:

b) Acceso a la información y la comunicación

5. Las personas con discapacidad y, cuando proceda, sus familias y quienes abogan en su favor deben tener acceso en todas las etapas a una información completa sobre el diagnóstico, los derechos y los servicios y programas disponibles. Esa información debe presentarse en forma que resulte accesible para las personas con discapacidad.

6. Los Estados deben elaborar estrategias para que los servicios de información y documentación sean accesibles a diferentes grupos de personas con discapacidad. A fin de proporcionar acceso a la información y la documentación escritas a las personas con deficiencias visuales, deben utilizarse el sistema Braille, grabaciones en cinta, tipos de imprenta grandes y otras tecnologías apropiadas. De igual modo, deben utilizarse tecnologías apropiadas para proporcionar acceso a la información oral a las personas con deficiencias auditivas o dificultades de comprensión.

7. Se debe considerar la utilización del lenguaje por señas en la educación de los niños sordos, así como en sus familias y comunidades. También deben prestarse servicios de interpretación del lenguaje por señas para facilitar la comunicación entre las personas sordas y las demás personas.

8. Deben tenerse en cuenta asimismo las necesidades de las personas con otras discapacidades de comunicación.

9. Los Estados deben estimular a los medios de información, en especial a la televisión, la radio y los periódicos, a que hagan accesibles sus servicios.

10. Los Estados deben velar por que los nuevos sistemas de servicios y de datos informatizados que se ofrezcan al público en general sean desde un comienzo accesibles a las personas con discapacidad, o se adapten para hacerlos accesibles a ellas.

11. Debe consultarse a las organizaciones de personas con discapacidad cuando se elaboren medidas encaminadas a proporcionar a esas personas acceso a los servicios de información.

2.5 Normativas de Accesibilidad Europeas

En Europa, lo más interesante en materia de accesibilidad se encuentra en:

1. Las dos directivas europeas:

   - Resolución del Consejo sobre "Accesibilidad electrónica" - Mejorar el acceso de las personas con discapacidad a la sociedad del conocimiento: Resolución del 14 de enero de 2003 [22].

   - Directiva 2004/18/CE del Parlamento Europeo y del Consejo, de 31 de marzo de 2004, sobre coordinación de los procedimientos de adjudicación de los contratos públicos de obras, de suministro y de servicios, publicada en las páginas de EuroLex [23].

2. Los planes eEurope: Plan eEurope 2002 [11] y 2005 [12], y

3. En la "Carta de los Derechos Fundamentales de la Unión Europea" [10].

Por otro lado, existen diferentes iniciativas de países miembros que comentaremos brevemente, como es el caso de, Portugla, Irlanda, Suecia, Alemania e Italia.

2.5.1 Directivas Europeas

En la Resolución del Consejo sobre "Accesibilidad electrónica" se insta a los Estados Miembro a llevar a cabo una serie de medidas para fomentar la accesibilidad electrónica. Por ejemplo se indica lo siguiente:

I. Aprovechar las posibilidades de la sociedad de la información para las personas con discapacidad y, en particular, a emprender la supresión de las barreras técnicas, legales y de otro tipo para que participen efectivamente en la economía y en la sociedad basadas en el conocimiento. Para ello les insta a utilizar, en la medida de lo posible, los mecanismos de financiación ya existentes y a facilitar el enlace con los agentes adecuados, como las ONG para discapacitados y las organizaciones europeas de normalización, a través de las siguientes medidas concretas:

- 4. Fomentar y capacitar a las personas con discapacidad para que adquieran un mayor control sobre la creación de los mecanismos destinados a proporcionar accesibilidad.

II. Estudiar la posibilidad de adoptar más medidas específicas en los ámbitos señalados en el documento de trabajo de la Comisión "Proporcionar accesibilidad electrónica", entre las que se incluirán: Normas e instrumentos técnicos, Instrumentos persuasivos y medidas legislativas, Instrumentos educativos e informativos.

En la Directiva 2004/18/CE se exige que en todos los procedimientos de adjudicación de contratos públicos de los países miembro de la Unión Europea los poderes adjudicadores establezcan especificaciones técnicas con el fin de tener en cuenta los criterios de accesibilidad para personas con discapacidades o el diseño para todos los usuarios en todas las licitaciones que se hagan.

2.5.2 Planes de Acción eEurope

En junio de 2000 se aprobó el "Plan de Acción eEurope 2002", desarrollado por la Comisión y Consejo de Europa a partir de la iniciativa homónima de diciembre de 1999. Tal y como se puede ver en el texto del **"Plan de Acción eEurope 2002"** [11], se trata de un ambicioso proyecto destinado a "convertir a Europa en la economía más competitiva y dinámica del mundo", explotando para ello todas "las oportunidades de la **Nueva Economía**, y especialmente, **Internet**". Así pues, es un plan del que se pueden beneficiar los más de 377 millones de habitantes de la Unión Europea.

El plan recoge distintas acciones agrupadas en torno a tres objetivos fundamentales:

(1) conseguir una Internet más rápida, barata y segura,

(2) invertir en las personas y en la formación, y

(3) estimular el uso de Internet.

Dentro del segundo objetivo, destacan las medidas aprobadas para permitir y promover la participación de todos en la Nueva Economía y en lo que se denomina la **Sociedad de la Información**. Se comienza dejando claro que "las páginas web del sector público y su contenido, en los Estados miembros y las instituciones europeas, deben diseñarse de manera que sean accesibles, a fin de que los ciudadanos con discapacidades puedan acceder a la información y aprovechar plenamente las posibilidades de la administración electrónica".

Para la aplicación de eEurope 2002 en el ámbito de la "participación de todos en la sociedad basada en el conocimiento", el Grupo de alto nivel ESDIS (que se ocupa del empleo y la dimensión social en la Sociedad de la Información), recibió el mandato de seguir de cerca la evolución de la accesibilidad. Además, fue constituido un Grupo de expertos llamado "eAccessibilidad" destinado a asistir al Grupo de alto nivel.

La línea de actuación de eEurope 2002 orientada a la accesibilidad tiene como objetivo principal "mejorar el acceso a la web de personas con discapacidades", en consonancia con "el principio de no discriminación, proclamado en el Tratado de la Unión Europea". Esta acción beneficia directamente a los más de 37 millones de habitantes de los países de la Unión que presentan algún tipo de discapacidad. Para ello, se establece el final de 2001 como fecha límite para la adopción de las Pautas de la Iniciativa de Accesibilidad a la Web (WAI, Web Accessibility Initiative) [9].

Además, en este plan se reconoce la necesidad de acelerar la creación de un entorno legislativo adecuado, estableciendo plazos fijos para la aprobación de distintas leyes que posibiliten los objetivos marcados. En este sentido se establece el final del año 2002 (de ahí el nombre del plan) como límite para alcanzar las metas propuestas, y se deja claro que será necesaria la continuación del plan más allá de dicha fecha.

En junio de 2002 se presenta en el Consejo Europeo de Sevilla la continuación del plan eEurope 2002, llamado eEurope 2005. Básicamente sigue las líneas de acción propuestas por el anterior plan, actualizándolo con los logros conseguidos y la situación actual.

Como parte este plan se encuentra **la línea de acción e inclusión**, que bajo el lema "una sociedad de la información para todos", pretende conseguir objetivos básicos como el de "garantizar que la sociedad de la información no se traduzca en exclusión social".

También es interesante resaltar que tanto el "Plan de Acción Info XXI" como su continuación "España.es" forman parte de estos grandes proyectos de Europa.

En el 2003, la Comisión Europea encargó la redacción de un estudio para la estandarización de los criterios de accesibilidad europeos. Así fue redactado el 'European Concept of Accessibility' [13], cuyo autor principal es Francesc Aragall en este trabajo se sientan las bases de la filosofía de accesibilidad de aplicación en Europa.

2.5.3 Carta de los Derechos Fundamentales de la Unión Europea

En dicha carta se deja claro que se prohíbe toda discriminación, y en particular la ejercida por razón de sexo, raza, color, orígenes étnicos o sociales, características genéticas, lengua, religión o convicciones, opiniones políticas o de cualquier otro tipo, pertenencia a una minoría nacional, patrimonio, nacimiento, discapacidad, edad u orientación sexual.

2.5.4 Legislacion de Algunos Países Miembros de la Comunidad Europea

En general todos los países de la Comunidad Europea han legislado de alguna manera en materia de accesibilidad y NTIC. En este apartado comentamos algunos ejemplos: Portugal, Irlanda, Suecia, Alemania e Italia.

❖ Portugal es el primer país europeo que adopta medidas concretas sobre la accesibilidad de las páginas *Web* de la Administración Pública. En la Resolución del Consejo de Ministros N° 97/99 obliga a que la información de la Administración Pública presentada en Internet sea suceptible de ser recogida y comprendida por los ciudadanos con necesidades especiales, determinándose que sean adoptadas las soluciones técnicas para alcanzar dicho objetivo [24].

❖ En Irlanda la accesibilidad de las NTIC queda cubierta por el Acta para la Igualdad en el Empleo, de 1998, y por el Acta para la Igualdad de Estátus, de 2000 [25]. Además, las políticas públicas exigen especialmente a los departamentos gubernamentales que sus sitios Web sean accesibles y acordes con los niveles de prioridad 1 y 2 de las Directrices de Accesibilidad para el Contenido Web del WAI (WCAG 1.0). [9]

❖ En Suecia en Junio de 2002, la Agencia para la Gestión Pública (Statskontoret) presentó las directrices para el diseño de los sitios Web públicos, incluyendo la aplicación de las Directrices del WAI [9], en un documento llamado: "24-timmarswebben" (Las 24 horas del sitio Web).

❖ El 23 de julio de 2002 en Alemania se publicó el Decreto sobre Tecnología de la Información Libre de Barreras basándose en el artículo 11 de la Ley Alemana de Igualdad de Oportunidades. La ley se basa completamente en las Directrices de Accesibilidad para el Contenido Web del WAI (WCAG 1.0) [9], recogiendo cada una de sus pautas redactadas en términos legales.

❖ El 17 de diciembre de 2003, Italia aprobó la "Legge Stanca" que establece entre otras cosas [26]: Que la República reconoce el derecho de los ciudadanos con discapacidad para acceder a todas las fuentes de información y servicios públicos, de acuerdo con el artículo 3 de la Constitución Italiana; la definición de accesibilidad y de ayuda técnica; las modalidades de aplicación de la accesibilidad: en cualquier contrato de aprovisionamiento o compra relacionada con servicios de tecnologías de la información y la comunicación, los requisitos de accesibilidad tienen la más alta prioridad con respecto a cualquier otro requisito, en particular, serán cancelados todos los contratos para la creación o modificación de sitios web públicos que no exijan la accesibilidad; que los bienes y servicios proporcionados o comprados por entidades privadas que reciben subvenciones públicas, si van dirigidos a los ciudadanos o a trabajadores con discapacidad, deben ser accesibles; la modalidades de verificación de la accesibilidad que pueden llevarse a cabo a solicitud de departamentos del Gobierno Italiano sobre los sitios web privados y las aplicaciones informáticas, para emitir una etiqueta de accesibilidad.

2.6 Legislación y Normativas E.E.U.U

En E.E.U.U. tenemos que destacar la iniciativa de la **Sección 508** del "Acta de los Americanos con Discapacidad", que entró en vigor el 21 de junio de 2001 [7]. En ella se determina las normas para la creación de páginas y aplicaciones Web que son aplicables a todas las agencias federales de Estados Unidos. Se hace una exhaustiva comparación entre el apartado de la Sección 508 dedicado a la Web y los puntos de verificación de prioridad 1 de las WCAG 1.0 [9]. Además, la Sección 508 no se ocupa solo de la accesibilidad de las páginas y aplicaciones Web, también lo hace del Software y por tanto de las herramientas de autor y de los navegadores. En la Web del W3C, encontramos un estudio comparativo de las normas de la Sección 508 y los requerimientos y prioridades de las "User Agent Accessibility Guidelines 1.0 (UAAG)", que será de interés para todos los desarrolladores.

2.7 Legislación y Normativas de Accesibilidad en España

En el ámbito español bajos a comentar algunas de las principales leyes que han desarrollado la legislación y normativas en materia de accesibilidad. En particular vamos a comentar las siguientes leyes y normativas:

1. Ley de integración social de minusválidos (LISMI).

2. Ley 34/2002, de 11 de Julio de servicios de la sociedad de la información y de comercio electrónico (LSSICE).

3. LEY 51/2003, de 2 de diciembre, de igualdad de oportunidades, no discriminación y accesibilidad universal de las personas con discapacidad (LIONDAU).

4. REAL DECRETO 366/2007, de 16 de marzo, por el que se establecen las condiciones de accesibilidad y no discriminación de las personas con discapacidad en sus relaciones con la Administración General del Estado.

5. LEY 11/2007, de 22 de junio, de acceso electrónico de los ciudadanos a los Servicios Públicos (LAECSP).

6. Real Decreto 1494/2007.

7. Ley 49/2007 de 26 de diciembre, por la que se establece el régimen de infracciones y sanciones en materia de igualdad de

oportunidades, no discriminación y accesibilidad universal de las personas con discapacidad.

8. LEY 56/2007, de 28 de diciembre, de Medidas de Impulso de la Sociedad de la Información.

9. Orden PRE/446/2008.

10. Instrumento de Ratificación de la Convención de Derechos de las Personas con Discapacidad.

11. Ley 7/2010, de 31 de marzo, General de la Comunicación Audiovisual

12. La Ley 27/2007 de 23 de octubre, por la que se reconocen las lenguas de signos españolas y se regulan los medios de apoyo a la comunicación oral de las personas sordas, con discapacidad auditiva y sordociegas

13. Ordenanza municipal sobre accesibilidad del Ayuntamiento de Granada

2.7.1 LISMI

La "**Ley de Integración Social de los Minusválidos**" (LISMI, promulgada en 1982) [15] significó la primera acción legal que recogía medidas compensatorias para las personas con discapacidad, pero no promovía su participación activa en la sociedad. Además, debido a que en dicho año las TIC no estaban suficientemente desarrolladas, esta ley no recoge ninguna acción relativa al acceso web.

Esta ley está dirigida a todas aquellas personas cuyas posibilidades de integración educativa, laboral o social se hallen disminuidas como consecuencia de una deficiencia, previsiblemente permanente, de carácter congénito o no, en sus capacidades físicas, psíquicas o sensoriales. Se basa en el artículo 49 de la Constitución Española de 1978 por el que se reconoce el derecho de las personas con discapacidad al tratamiento, rehabilitación e integración así como a recibir la atención especializada que requieran y en la Declaración de las Naciones Unidas sobre los derechos de las personas con deficiencia mental (1971) y de los minusválidos (1975).

Para que esta ley se haga efectiva, están obligados a participar la Administración Central, las Comunidades Autónomas, las Corporaciones Locales, los Sindicatos, las entidades y organismos públicos y las asociaciones y personas privadas.

Posteriormente, y para la preparación del desarrollo y aplicación en España de las directrices europeas recogidas en el "Plan de Acción eEurope 2002" [11], el Gobierno publicó a comienzos del año 2001 el denominado **"Plan de Acción Info XXI"** [16], vigente entre los años 2001 y 2003. Uno de sus objetivos principales era el de "facilitar el acceso a la Sociedad de la Información y el uso intensivo de las Nuevas Tecnologías a los discapacitados con el fin de conseguir la igualdad de oportunidades".

2.7.2 LISMI

En 2002 se publicó en el BOE la **Ley 34/2002, de 11 de Julio de servicios de la sociedad de la información y de comercio electrónico, también llamada LSSICE** [17]. Esta ley indica que los sitios web de la administración deben ser accesibles a los discapacitados, siendo posible la exigencia del cumplimiento de dicha ley también para aquellas páginas financiadas por las administraciones públicas.

Sobre accesibilidad la ley dice, en sus disposiciones adicionales:

Quinta. Accesibilidad para las personas con discapacidad y de edad avanzada a la información proporcionada por medios electrónicos.

Uno. Las Administraciones Públicas adoptarán las medidas necesarias para que la información disponible en sus respectivas páginas de Internet pueda ser accesible a personas con discapacidad y de edad avanzada de acuerdo con los criterios de accesibilidad al contenido generalmente reconocidos antes del 31 de diciembre de 2005. Asimismo, podrán exigir que las páginas de Internet cuyo diseño o mantenimiento financien apliquen los criterios de accesibilidad antes mencionados.

Dos. Igualmente, se promoverá la adopción de normas de accesibilidad por los prestadores de servicios y los fabricantes de equipos y software, para facilitar el acceso de las personas con discapacidad o de edad avanzada a los contenidos digitales.

2.7.3 LIONDAU

La **LEY 51/2003, de 2 de diciembre, de igualdad de oportunidades, no discriminación y accesibilidad universal de las personas con discapacidad, conocida como "LIONDAU"** [28], llenó el vacío existente en España en materia de accesibilidad. Esta ley tiene por objeto establecer medidas para garantizar y hacer efectivo el derecho a la igualdad de oportunidades de las personas con discapacidad, conforme a los artículos 9.2, 10, 14 y 49 de la Constitución. A estos efectos, se entiende por igualdad de oportunidades la ausencia de discriminación, directa o indirecta, que tenga su causa en una discapacidad, así como la adopción de medidas de acción positiva orientadas a evitar o compensar las desventajas de una persona con discapacidad para participar plenamente en la vida política, económica, cultural y social.)

La LIONDAU se basa y pone de relieve los conceptos de: No discriminación, acción positiva y accesibilidad universal. La ley prevé, además, la regulación de los efectos de la lengua de signos, el reforzamiento del diálogo social con las asociaciones representativas de las personas con discapacidad mediante su inclusión en el Real Patronato y la creación del Consejo Nacional de la Discapacidad, y el establecimiento de un calendario de accesibilidad por ley para todos los entornos, productos y servicios nuevos o ya existentes.

La Ley establece, la obligación gradual y progresiva de que todos los entornos, productos y servicios deben ser abiertos, accesibles y practicables para todas las personas y dispone plazos y calendarios para realización de las adaptaciones necesarias.

Respecto a los productos y servicios de la Sociedad de la Información la ley establece:

Disposición final séptima. *Condiciones básicas de accesibilidad y no discriminación para el acceso y utilización de las tecnologías, productos y servicios relacionados con la sociedad de la información y medios de comunicación social.*

1. En el plazo de dos años desde la entrada en vigor de esta ley, el Gobierno aprobará, según lo previsto en su artículo 10, unas condiciones básicas de accesibilidad y no discriminación para el acceso y utilización de las tecnologías, productos y servicios relacionados con la sociedad de la información y de cualquier medio de comunicación social, que serán obligatorias en el plazo de cuatro a seis años desde la entrada en vigor de esta ley para todos los productos y servicios nuevos, y en el plazo de ocho a diez años para todos aquellos existentes que sean susceptibles de ajustes razonables.

2. En el plazo de dos años desde la entrada en vigor de esta ley, el Gobierno deberá realizar los estudios integrales sobre la accesibilidad a dichos bienes o servicios que se consideren más relevantes desde el punto de vista de la no discriminación y accesibilidad universal.

Y favoreciendo la formación en diseño para todos:

Disposición final décima. *Currículo formativo sobre accesibilidad universal y formación de profesionales.*

El Gobierno, en el plazo de dos años a partir de la entrada en vigor de esta ley, desarrollará el curriculo formativo en «diseño para todos», en todos los programas educativos, incluidos los universitarios, para la formación de profesionales en los campos del diseño y la construcción del entorno físico, la edificación, las infraestructuras y obras públicas, el transporte, las comunicaciones y telecomunicaciones y los servicios de la sociedad de la información.

Para administrar la gradualidad en la puesta en marcha de la LIONDAU se consideró conveniente la elaboración de instrumentos de planificación, y al tiempo de su redacción se diseñaron dos planes: el "Plan Nacional de Accesibilidad 2004-2012" [18] y el "II Plan de Acción para las personas con discapacidad 2003-2007" [29].

El "*Plan Nacional de Accesibilidad 2004-2012*" [18], aprobado por el Consejo de Ministros el día 25 de julio de 2003, y desarrollado por el Ministerio de Trabajo y Asuntos Sociales a través del IMSERSO. Con el lema "Por un nuevo paradigma, el diseño para todos, hacia la plena igualdad de oportunidades" se deja claro su objetivo más general. En él se recogen los compromisos del Gobierno en materia de accesibilidad que se desarrollarán en periodos sucesivos de tres años, desde su entrada en vigor en 2004 hasta su término en 2012. Asimismo, el plan impulsará el paradigma del **"Diseño para Todos[1]"** a través de un sistema normativo que garantice la accesibilidad.

El desarrollo del mismo comprende la realización de estudios, campañas de sensibilización, formación especializada e impulso de la investigación y desarrollo técnico en varios ámbitos.

Por otro lado, el "II Plan de Acción para las personas con discapacidad 2003-2007" propuso el desarrollo de 350 medidas para evitar la discriminación y favorecer la igualdad de derechos. El Plan de acción, con cuatro grandes áreas, está vertebrado sobre cuatro principios básicos:

- Garantía de igualdad por parte de los poderes públicos a las personas con discapacidad.

- Prioridad de políticas que fomentan la autosuficiencia económica y la participación de las personas con discapacidad en la vida de la comunidad.

- Accesibilidad de entornos, productos y servicios.

- Diálogo y cooperación con las entidades sociales.

En el ámbito de la atención a personas con graves discapacidades, el objetivo fundamental es desarrollar un sistema de protección integral para el millón y medio de personas que en España presentaban graves discapacidades, con medidas económicas, sociosanitarias, de apoyo a las familias, y de protección de derechos: Se introducian bonificaciones para facilitar la contratación de cuidadores, deducciones en la cuota del IRPF, nuevas ayudas para obras de accesibilidad en el interior de las viviendas, ect.

En el área de políticas de inserción laboral, la prioridad era mejorar las tasas de actividad y de ocupación de las personas con discapacidad, a través del fomento de igualdad de oportunidades en el acceso al

---

[1] La actividad por la que se concibe o proyecta, desde el origen, y siempre que ello sea posible, entornos, procesos, bienes, productos, servicios, objetos, instrumentos, dispositivos o herramientas, de tal forma que puedan ser utilizados por todas las personas, en la mayor extensión posible.

empleo, la mejora de la empleabilidad de las personas con discapacidad, el desarrollo de nuevas fórmulas de empleo y en favor de las personas con mayor riesgo de exclusión. Entre las medidas, cabe destacar: Una oficina especializada para promover la participación de las personas con discapacidad; un sistema arbitral para resolver las reclamaciones que se planteen en materia de igualdad de trato; el compromiso de ofrecer a los discapacitados una oportunidad de empleo antes de que alcancen los seis meses de paro, ect.

Mientras, en la promoción de la accesibilidad, se perseguía garantizar el acceso de las personas con discapacidad a todos los entornos, servicios y productos, a través de acciones de sensibilización, estudios técnicos, I+D+I, proyectos de accesibilidad en sectores clave, e implicación de Administraciones Públicas y sociedad.

- En este sentido, en desarrollo de la Ley de igualdad y no discriminación y accesibilidad universal se insta a aprobar una norma que regule las condiciones básicas de accesibilidad en el transporte y otra que contemple las condiciones básicas de accesibilidad en los espacios públicos y edificaciones.

- Al mismo tiempo, se reforma la legislación en materia de concesión de subvenciones para vincular el disfrute de ayudas al cumplimiento de las obligaciones en materia de accesibilidad.

- Se impulsa la eliminación de todas las barreras en las oficinas de las Administraciones Públicas y en los establecimientos y servicios de ocio y turismo.

- Se mejora la accesibilidad en servicios de emergencia, centros residenciales, Centros Educativos y sanitarios, Museos, Archivos y Bibliotecas.

Finalmente, en la cohesión de los servicios territoriales, el objetivo fue garantizar que todas las personas con discapacidad, residieran donde residieran, puedieran acceder a unas mismas prestaciones básicas de servicios sociales, es decir, tengan garantizados unos mismos derechos. Para ello, la medida más importante fue la aprobación de un Catálogo de Prestaciones Básicas para las personas con discapacidad que se elaboró de acuerdo con las Comunidades Autónomas.

2.7.4 REAL DECRETO 366/2007

El **REAL DECRETO 366/2007, de 16 de marzo, por el que se establecen las condiciones de accesibilidad y no discriminación de las personas con discapacidad en sus relaciones con la Administración General del Estado. (BOE n.** 72 de 24/3/2007) establece el conjunto de medidas que definen las condiciones de accesibilidad que habrán de reunir todas las Oficinas y Servicios de Atención al Ciudadano ubicados en el ámbito de la Administración General del Estado y de sus organismos públicos vinculados o dependientes, con el objeto de garantizar que la accesibilidad y no discriminación de las personas con discapacidad en sus relaciones con la Administración sea efectiva y real [30].

Dichas medidas deben ser aplicadas en tres ámbitos:

a) Oficinas de Atención al Ciudadano (acceso a las oficinas, recepción, señalización interior accesible, configuración de los puestos de atención, sistemas interactivos de información).

b) Disponibilidad de documentos e impresos (accesibilidad del contenido, estructura del mismo).

c) Otros medios.

Plazo de cumplimiento de las condiciones:

a) Las Oficinas de Atención al Ciudadano deberán cumplir las condiciones previstas antes del 4 de diciembre de 2012.

b) Los documentos e impresos, la prestación de los servicios de atención y otros medios deberán cumplir las condiciones en el plazo de un año desde la entrada en vigor del Real Decreto.

Algunos artículos significativos de este decreto que afectan a la comunidad sorda son:

Artículo 5. Acceso a las Oficinas.

d) Los intercomunicadores y sistemas de aviso o llamada serán accesibles, tanto por su modalidad de uso (texto y voz) como por su localización.

Artículo 7. Señalización interior accesible.

e) A fin de atender a las personas que usan prótesis auditivas, la señalización acústica se adecuará a una gama audible y no molesta de frecuencias e intensidades, y se usará una señal de atención, visual y acústica previa al mensaje.

El nivel de presión sonora de los mensajes audibles debe superar al menos al nivel sonoro de fondo.

En la megafonía, se intentará conseguir un bajo nivel sonoro, pero bien distribuido en la estancia o edificio a través de numerosos altavoces debanda ancha, y bien distribuidos.

Se utilizará una señal de atención previa al mensaje.

La megafonía estará acondicionada con los bucles de inducción magnética y amplificadores de campo magnético necesarios para posibilitar la mejor audición a personas usuarias de audífonos.

Toda la información emitida por megafonía debe mostrarse también en paneles textuales bien visibles.

h) Los sistemas de aviso, incluyendo los de alarma o avisos de peligro, deben ser emitidos simultáneamente por medios sonoros y visuales fácilmente comprensibles y reconocibles.

Artículo 8. Configuración de los puestos de atención.

d) Los mostradores y puntos de atención deberán contar con sistemas de bucle de inducción magnética, debidamente señalizados, para permitir a las personas usuarias de prótesis auditivas la mejor audición y comprensión posibles.

e) Los puntos con información telefónica, así como cualquier tipo de servicio de atención telefónica al ciudadano, estarán dotados con sistemas de telefonía de texto, de fax y, de permitirlo técnicamente, de videotelefonía para facilitar la lectura labial. Asimismo el personal deberá estar formado y conocer su correcta utilización.

Artículo 12. Disponibilidad de documentos e impresos.

1. Se garantizará la disponibilidad de los documentos e impresos destinados al ciudadano en condiciones de plena accesibilidad para personas con discapacidad, mediante su ubicación en estantes, dispensadores u otro mobiliario que permitan la máxima autonomía de estas personas para obtenerlos.

2. A requerimiento de la persona con discapacidad, se ofrecerán en formatos alternativos utilizando tipografías grandes o ampliadas, en braille, o bien se contará con personal de apoyo para facilitar su cumplimentación.

3. Además, los documentos e impresos deberán estar en todo caso disponibles en las correspondientes páginas web y en formato electrónico accesible.

Condiciones de accesibilidad en la prestación de servicios de atención

Artículo 14. Prestación de servicios de atención.

2. En la formación del personal de la Administración General del Estado encargado de la prestación de servicios de atención al ciudadano se atenderá especialmente al conocimiento de las distintas discapacidades y sus consecuencias en el desarrollo de los servicios de atención, en el trato e interacción con las personas con discapacidad y en el uso de medios auxiliares facilitadores de dicho trato.

2.7.5 LAECSP

La Ley 11/2007, de 22 de junio, de Acceso Electrónico de los Ciudadanos a los Servicios Públicos, mencionada a veces por sus siglas LAECSP, es una ley española que reconoce a los ciudadanos su derecho a relacionarse electrónicamente con las administraciones públicas, así como la obligación de éstas a garantizar ese derecho [31].

Los trabajos para la elaboración de esta norma comenzaron en la primavera de 2006 y en ellos han participado representantes del sector privado a través del Consejo Asesor de Administración Electrónica; ciudadanos, partidos políticos y miembros de otras administraciones públicas [31].

La Ley 11/2007 es la primera norma legal con rango de ley que se centra enteramente en la problemática propia de la administración electrónica, es por tanto la norma legal de referencia en esta materia y establece un marco homogéneo para las tres administraciones en la materia.

Su principal objetivo es reconocer y garantizar el derecho del ciudadano a relacionarse por medios electrónicos con las Administraciones Públicas. Por otra parte se pretende impulsar el uso de los servicios electrónicos en la Administración creando las condiciones necesarias, y de manera indirecta ejercer con ello un efecto arrastre sobre la sociedad de la información en general.

Las Administraciones Públicas tienen la obligación de posibilitar el acceso a todos sus servicios electrónicos, incluyendo registros, pago, notificaciones y la consulta del estado de tramitación de sus procedimientos desde el 31 de diciembre del 2009.

Otra cuestión que se aborda es la de las plataformas que pueden utilizar los ciudadanos o las propias Administraciones para establecer tales comunicaciones electrónicas. El ordenador e Internet puede ser una vía, pero no es desde luego la única; las comunicaciones vía SMS pueden ser otra forma de actuación que en algunas Administraciones están siendo ya utilizadas. La Televisión Digital Terrestre, por ejemplo, abre también posibilidades con las que hay también que contar. La Ley no puede limitarse a regular el uso de los canales electrónicos disponibles hoy en día, ya que la gran velocidad en el desarrollo de las tecnologías de la información hacen posible la aparición de nuevos instrumentos electrónicos que pudieran aplicarse para la administración electrónica en muy poco tiempo, siendo necesario generalizar la regulación de estos canales.

La Ley debe partir del principio de libertad de los ciudadanos en la elección de la vía o canal por el que quieren comunicarse con la Administración, si bien cada tecnología puede ser apta para una función en razón de sus características y de la fiabilidad y seguridad de sus comunicaciones.

Algunos artículos importantes de esta ley establecen lo siguiente:

Articulo 3. *Finalidades de la Ley.*

2. Facilitar el acceso por medios electrónicos de los ciudadanos a la información y al procedimiento administrativo, con especial atención a la eliminación de las barreras que limiten dicho acceso.

Articulo 4. *Principios generales.*

b) Principio de igualdad con objeto de que en ningún caso el uso de medios electrónicos pueda implicar la existencia de restricciones o discriminaciones para los ciudadanos que se relacionen con las Administraciones Publicas por medios no electrónicos, tanto respecto al acceso a la prestación de servicios públicos como respecto a cualquier actuación o procedimiento administrativo sin perjuicio de las medidas dirigidas a incentivar la utilización de los medios electrónicos.

c) Principio de accesibilidad a la información y a los servicios por medios electrónicos en los términos establecidos por la normativa vigente en esta materia, a través de sistemas que permitan obtenerlos de manera segura y comprensible, garantizando especialmente la accesibilidad universal y el diseño para todos de los soportes, canales y entornos con objeto de que todas las personas puedan ejercer sus derechos en igualdad de condiciones, incorporando las características necesarias para garantizar la accesibilidad de aquellos colectivos que lo requieran.

2.7.6 Real Decreto 1494/2007

En el Real Decreto 1494/2007, de 12 de noviembre, por el que se aprueba el Reglamento sobre las condiciones básicas para el acceso de las personas con discapacidad a las tecnologías, productos y servicios relacionados con la sociedad de la información y medios de comunicación social [32], se establece, con el propósito de hacer ver que la utilización de los nuevos recursos tecnológicos está muy vinculada a la calidad de vida, la normalización y la integración en la sociedad de las personas con discapacidad. Por eso, se expone una serie de leyes, reales decretos y planes que recuerdan la importancia de aprobar un nuevo Reglamento basándose en el del Real Decreto 424/2005, de 15 de abril, por el que se aprueba el Reglamento sobre las condiciones para la prestación de servicios de comunicaciones electrónicas, el servicio universal y la protección de los usuarios.

En el Capítulo I del Reglamento se establecen los criterios y las condiciones básicas para garantizar el acceso de las personas con discapacidad a las tecnologías, productos y servicios de la sociedad a la información y de cualquier medio de comunicación social. El Capítulo II trata sobre las condiciones básicas de accesibilidad y no discriminación en materia de telecomunicaciones. El Capítulo III recoge los criterios y condiciones básicas de accesibilidad y no discriminación en materia de sociedad de la información y en el Capitulo IV se abordan los mismos temas pero destinados a los medios de comunicación social.

Para todos los productos y servicios nuevos, estas medidas son exigibles desde el 4 de diciembre de 2009. Para los ya existentes estas normas serán exigibles desde el 4 de diciembre de 2013.

El presente real decreto se inspira en los principios establecidos en la Ley 51/2003 LIONDAU, fundamentalmente, accesibilidad universal y diseño para todos.

En el Capítulo II establece unos criterios de accesibilidad aplicables a las páginas de Internet son los que se recogen, a nivel internacional, en la Iniciativa de Accesibilidad a la Web (Web Accessibility Iniciative) del Consorcio Mundial de la Web (World Wide Web Consortium), que los ha determinado en forma de pautas comúnmente aceptadas en todas las esferas de internet, como las especificaciones de referencia cuando se trata de hacer que las páginas de Internet sean accesibles a las personas con discapacidad. En función de dichas pautas, la Iniciativa de Accesibilidad a la Web ha determinado tres niveles de accesibilidad: básico, medio y alto, que se conocen como niveles A, AA o doble A y AAA o triple A. Dichas pautas han sido incorporadas en España a través de la Norma UNE 139803:2004, que establece tres niveles de prioridades.

El presente real decreto especifica el grado de accesibilidad aplicable a las páginas de internet de las administraciones públicas, estableciendo como nivel mínimo obligatorio el cumplimiento de las prioridades 1 y 2 de la citada Norma UNE.

2.7.7 Ley 49/2007

La Ley 49/2007 de 26 de diciembre, establece el régimen de infracciones y sanciones en materia de igualdad de oportunidades, no discriminación y accesibilidad universal de las personas con discapacidad [33].

El régimen de infracciones y sanciones que se establece en la presente Ley es común en todo el territorio del Estado y es objeto de tipificación por el legislador autonómico, sin perjuicio de aquellas otras infracciones y sanciones que pueda establecer en el ejercicio de sus competencias. Las Comunidades Autónomas establecen en base a ella un régimen de infracciones que garantiza la plena protección de las personas con discapacidad, ajustándose a lo dispuesto en la presente

Ley. Asimismo, se establece el régimen específico de infracciones y sanciones aplicable por la Administración General del Estado.

2.7.8 Ley 56/2007

La LEY 56/2007, de 28 de diciembre, establece las Medidas de Impulso de la Sociedad de la Información [34]. La presente Ley se enmarca en el conjunto de medidas que constituyen el Plan 2006-2010 para el desarrollo de la Sociedad de la Información y de convergencia con Europa y entre Comunidades Autónomas y Ciudades Autónomas, Plan Avanza [35], aprobado por el Gobierno en noviembre de 2005.

El Plan Avanza prevé entre sus medidas la adopción de una serie de iniciativas normativas dirigidas a eliminar las barreras existentes a la expansión y uso de las TIC y para garantizar los derechos de los ciudadanos en la nueva sociedad de la información. En esta línea, la presente Ley, por una parte, introduce una serie de innovaciones normativas en materia de facturación electrónica y de refuerzo de los derechos de los usuarios y, por otra parte, acomete las modificaciones necesarias en el ordenamiento jurídico para promoción e impulso de la sociedad de la información.

Por ejemplo:

Diecinueve.

Se añaden dos nuevos párrafos, que pasarán a ser respectivamente el tercero y el cuarto, al apartado uno de la disposición adicional quinta, con el texto siguiente: «Las Administraciones Públicas exigirán que tanto las páginas de Internet cuyo diseño o mantenimiento financien total o parcialmente como las páginas de Internet de entidades y empresas que se encarguen de gestionar servicios públicos apliquen los criterios de accesibilidad antes mencionados. En particular, será obligatorio lo expresado en este Apartado para las páginas de Internet y sus contenidos de los Centros públicos educativos, de formación y universitarios, así como, de los Centros privados que obtengan financiación pública. Las páginas de Internet de las Administraciones Públicas deberán ofrecer al usuario información sobre su nivel de accesibilidad y facilitar un sistema de contacto para que puedan transmitir las dificultades de acceso al contenido de las páginas de Internet o formular cualquier queja, consulta o sugerencia de mejora.»

2.7.9 Orden PRE/446/2008

Esta Orden PRE/446/2008, de 20 de febrero, por la que se determinan las especificaciones y características técnicas de las condiciones y criterios de accesibilidad y no discriminación establecidos en el Real Decreto 366/2007, de 16 de marzo [36], establece las especificaciones y características técnicas de las condiciones y criterios de accesibilidad y no discriminación previstas en las Oficinas y en los Servicios de Atención al Ciudadano en la Administración General del Estado, previstas en el Real Decreto 366/2007, de 16 de marzo. Dichas especificaciones y características técnicas hacen referencia a:

- Los puestos de atención al ciudadano.

- Las áreas higiénico-sanitarias.

- Los criterios de los sistemas de seguridad contra incendios.

- Los documentos e impresos en papel.

-La prestación de servicios de atención al ciudadano (se dan muchas especificaciones para a la ayuda a las personas con discapacidad auditiva).

El plazo de cumplimiento está establecido en el Real Decreto 366/2007, de 16 de marzo, es decir, el 4 de diciembre de 2012.

2.7.10 Instrumento de Ratificación de la Convención de Derechos de las Personas con Discapacidad

El día 30 de marzo de 2007, España firmó en Nueva York la Convención sobre los derechos de las personas con discapacidad, hecha en Nueva York el 13 de diciembre de 2006. El **Instrumento de Ratificación de la Convención de Derechos de las Personas con**

Discapacidad, dado el 21 de abril de 2008 [37] ratifica los acuerdos de esa Convención.

A los fines de la Convención firmada:

Artículo 2

La «comunicación» incluirá los lenguajes, la visualización de textos, el Braille, la comunicación táctil, los macrotipos, los dispositivos multimedia de fácil acceso ,así como el lenguaje escrito, los sistemas auditivos, el lenguaje sencillo, los medios de voz digitalizada y otros modos, medios y formatos aumentativos o alternativos de comunicación, incluida la tecnología de la información y las comunicaciones de fácil acceso.

Por «lenguaje» se entenderá tanto el lenguaje oral como la lengua de señas y otras formas de comunicación no verbal.

Por «discriminación por motivos de discapacidad» se entenderá cualquier distinción, exclusión o restricción por motivos de discapacidad que tenga el propósito o el efecto de obstaculizar o dejar sin efecto el reconocimiento, goce o ejercicio, en igualdad de condiciones, de todos los derechos humanos y libertades fundamentales en los ámbitos político, económico, social, cultural, civil o de otro tipo. Incluye todas las formas de discriminación, entre ellas, la denegación de ajustes razonables.

Por «ajustes razonables» se entenderán las modificaciones y adaptaciones necesarias y adecuadas que no impongan una carga desproporcionada o indebida, cuando se requieran en un caso particular, para garantizara las personas con discapacidad el goce o ejercicio, en igualdad de condiciones con las demás, de todos los derechos humanos y libertades fundamentales. Por «diseño universal» se entenderá el diseño de productos ,entornos, programas y servicios que puedan utilizar todas las personas, en la mayor medida posible, sin necesidad de adaptación ni diseño especializado. El «diseño universal» no excluirá las ayudas técnicas para grupos particulares de personas con discapacidad, cuando se necesiten.

Artículo 4

Obligaciones generales

g) Emprender o promover la investigación y el desarrollo, y promover la disponibilidad y el uso de nuevas tecnologías, incluidas las tecnologías de la información y las comunicaciones, ayudas para la movilidad, dispositivos técnicos y **tecnologías de apoyo adecuadas para las personas con discapacidad, dando prioridad a las de precio asequible;**

h) Proporcionar información que sea accesible para las personas con discapacidad sobre ayudas a la movilidad, dispositivos técnicos y tecnologías de apoyo, incluidas nuevas tecnologías, así como otras formas de asistencia y servicios e instalaciones de apoyo;

2.7.11 Ley 7/2010, de 31 de marzo, General de la Comunicación Audiovisual

La **Ley 7/2010, de 31 de marzo, General de la Comunicación Audiovisual** [38] regula la comunicación audiovisual de cobertura estatal y establece las normas básicas.

Se establece que todas las informaciones que se ofrezcan a través de cualquier medio audiovisual (Internet, Televisión, guías electrónicas de programas o cualquier otro servicio de comunicación) debe ser accesible para las personas con discapacidad (art.6.6).

Se establece también que todas las personas con discapacidad tienen el derecho a una accesibilidad universal a la comunicación audiovisual, y que ésta sea subtitulada en el 75% de los programas de Televisión y que cuente al menos con dos horas a la semana de interpretación de lengua de signos. Para ello, se deben aplicar las medidas de accesibilidad necesarias (art.8).

Se considera infracción grave en el incumplimiento en un canal, durante más de cinco días en un período de diez días consecutivos, de los deberes de accesibilidad previstos en los apartados 2 y 3 del artículo 8 (art.58).

En la disposición transitoria quinta, se indican los servicios de apoyo y accesibilidad para las personas con discapacidad a alcanzar a 31 de diciembre de cada año, según lo referido en el artículo 8.

2.7.12 Ley 27/2007

La Ley 27/2007 de 23 de octubre, reconoce las lenguas de signos españolas y regula los medios de apoyo a la comunicación oral de las personas sordas, con discapacidad auditiva y sordociegas [41].

Se reconocen las lenguas de signos española y catalana como la lengua de las personas sordas y se regulan los medios de apoyo a la comunicación oral. Asimismo, se reconoce el derecho libre de estas personas a elegir el sistema de comunicación.

Se aplica en todo el territorio español y se establecen las medidas y garantías necesarias en todas las áreas públicas y privadas con el fin de hacer efectivo el ejercicio de los derechos y libertades constitucionales.

Esta ley se inspira en los siguientes principios:

a) Transversalidad de las políticas en materia de lengua de signos y medios de apoyo a la comunicación oral.

b) Accesibilidad universal.

c) Libertad de elección.

d) No discriminación.

e) Normalización.

El ámbito de aplicación se encuentra en las siguientes áreas:

1. Bienes y servicios a disposición del público.

2. Transportes.

3. Relaciones con las Administraciones Públicas.

4. Participación política.

5. Medios de comunicación social, telecomunicaciones y sociedad de la información.

Los Títulos I y II están dedicados al aprendizaje, conocimiento y uso de las lenguas de signos españolas y al uso de los medios de apoyo a la comunicación oral, respectivamente. En ellos, se informa de las pautas y recursos necesarios para el cumplimiento del objetivo de esta ley.

2.7.13 Ordenanza municipal sobre accesibilidad del Ayuntamiento de Granada

A nivel Municipal, en la ciudad de Granada contamos con la ordenanza para la accesibilidad y la eliminación de barreras arquitectónicas, urbanísticas, del transporte y de la comunicación [39]. A través de la cual el Ayuntamiento de Granada ha asumido el compromiso de trabajar y luchar para hacer una Granada para todos ya que la accesibilidad es un derecho de todos.

2.8 La W3C y las Directrices WCAG 1.0 y 2.0

El Consorcio World Wide Web (W3C) es un consorcio internacional en el que las organizaciones que la componen, el personal a tiempo completo y el público en general, trabajan conjuntamente para desarrollar estándares Web. La misión del W3C es:

Guiar la Web hacia su máximo potencial a través del desarrollo de protocolos y pautas que aseguren el crecimiento futuro de la Web.

El W3C trata de alcanzar su objetivo principalmente a través de la creación de Estándares Web y Pautas. Desde 1994, el W3C ha publicado más de ciento diez estándares, denominados Recomendaciones del W3C. El W3C también está involucrado en tareas de educación y difusión, y en el desarrollo de software, sirviendo a su vez como foro abierto de discusión sobre la Web.

Para que la Web alcance su máximo potencial, las tecnologías Web más importantes deben ser compatibles entre sí y permitir que cualquier hardware y software, utilizado para acceder a la Web, funcione conjuntamente. El W3C hace referencia a este objetivo como "interoperabilidad Web".

Al publicar estándares abiertos (no propietarios) para lenguajes Web y protocolos, el W3C trata de evitar la fragmentación del mercado y, por lo tanto, la fragmentación de la Web.

Tim Berners-Lee y otros, crearon el W3C como un consorcio dedicado a producir consenso en relación a las tecnologías Web. Berners-Lee, que inventó la World Wide Web en 1989, mientras trabajaba en la Organización Europea de Investigación Nuclear (CERN), ha sido el director del W3C desde que se fundó en 1994.

Diferentes organizaciones, procedentes de diversos puntos del mundo y de campos muy diferentes, forman parte del W3C con intención de participar en un foro neutral para la creación de estándares Web. Los Miembros del W3C y un grupo de expertos técnicos, han hecho posible que el W3C sea reconocido a nivel internacional por su contribución en el desarrollo de la Web. Los Miembros del W3C (testimonios), el personal y los expertos invitados trabajan juntos para diseñar tecnologías, con el objetivo de asegurar que la Web continuará creciendo en el futuro, adaptándose a la creciente diversidad de personas, hardware y software.

Entre las iniciativas globales del W3C se encuentra la de mantener sus asociaciones con organizaciones nacionales, regionales e internacionales en todo el mundo. Estos contactos ayudan al W3C a establecer una cultura de participación global en el desarrollo de la World Wide Web. El W3C ha establecido una colaboración especialmente estrecha con otras organizaciones que están desarrollando estándares para la Web o para Internet con intención de facilitar el progreso.

El valor social que aporta la Web, es que ésta hace posible la comunicación humana, el comercio y las oportunidades para compartir conocimiento. Uno de los objetivos principales del W3C es hacer que estos beneficios estén disponibles para todo el mundo, independientemente del hardware, software, infraestructura de red, idioma, cultura, localización geográfica, o habilidad física o mental.

En la **Web**, el <u>W3C</u> ha desarrollado directrices o pautas específicas para permitir y asegurar este tipo de accesibilidad. El grupo de trabajo dentro del W3C encargado de promoverla es el <u>WAI</u> (Web Accessibility Initiative), elaborando para ello unas Pautas de Accesibilidad al contenido Web (WCAG) [9].

La *Web Accessibility Initiative* (WAI) o Iniciativa para la Accesibilidad Web es una rama del World Wide Web Consortium que vela por la accesibilidad de la Web. Publica las Guías de Accesibilidad al Contenido Web. La idea general del WAI es crear una serie de reglas claras.

El W3C publicó las **<u>Directrices de Accesibilidad del Contenido Web 1.0</u>** (WCAG 1.0) como Recomendación en mayo de 1999 [9]. Su objetivo es explicar cómo hacer el contenido Web accesible a las personas con discapacidades. Se centra en los puntos de validación e intenta que sean aplicados a un rango de tecnologías más amplio y que puedan ser comprendidos por un público mayor.

El grado de accesibilidad se establece en niveles denominados A, AA, y AAA, correspondiendo respectivamente a criterios mínimos de accesibilidad, extendidos, y accesibilidad máxima. Técnicamente la accesibilidad se implementa mediante pautas de lógica estructural de documentos, contenido auto-explicativo y semántica adicional, con la intención de permitir, a una audiencia lo más extensa posible de usuarios con distintos niveles de dotación tecnológica y capacidad sensorial, acceder a la información que se intenta representar y transmitir.

El cambio en la legislación europea y española obliga a los sitios Web de las administraciones públicas europeas, nacionales, autonómicas, regionales, locales, etc. (Ayuntamientos, Mancomunidades, Provincias, Comunidades Autónomas, Ministerios, etc.) y a las entidades que estén total o parcialmente subvencionadas (ONG, consorcios de transporte, universidades, organizaciones ciudadanas, políticas, sociales, etc.), a cumplir un nivel mínimo de accesibilidad "AA" (según la norma del W3C) en una fecha determinada, que en el caso de España fue a final de 2005.

En diciembre del 2008 fueron publicadas las nuevas directrices WCAG 2.0. Actualmente todavía rigen las antiguas pautas WCAG 1.0, ya que existen un número considerable de herramientas para su evaluación, además muchas páginas ya fueron implementadas bajo estas directrices. Las WCAG 2.0 son directrices que pueden ser implementadas junto con las anteriores porque mas allá de ser diferentes son un complemento a las antiguas, buscando globalizar el acceso a la información para cualquier tipo de persona, sin importar su limitación física o mental, ni del tipo de tecnología que use para acceder a la red pero al ser complementarias implica mucha más gestión y desarrollo por parte de los creadores de sitios Web.

Sin embargo es sobre las Pautas WCAG 2.0 que se realizará la evaluación ya que mejoran los criterios de accesibilidad considerados.

En la tabla comparativa se puede observar con claridad la diferencia y los avances de las pautas WCAG 2.0 con respecto a su predecesora (WCAG 1.0) en cuanto a accesibilidad para los limitados visuales por ejemplo. Se hacen mejoras a los textos equivalentes planteados en las pautas de 1999 donde se proporciona texto informativo sobre cualquier imagen, tabla, animación, entre otros, que existieran dentro una página; ahora se pretende analizar qué tipo de información ofrecen los contenidos que no son tipo texto y su relevancia dentro de un sitio Web, pretendiendo así disminuir contenido y hacer las páginas más eficientes. El dinamismo y participación por parte del usuario para que el contenido de una página se ajuste a sus necesidades y a su vez se acerque al ideal de Web Semántica [42], es algo que se hace notorio al conocer estos nuevos lineamientos.

WCAG 1.0	WCAG 2.0
Proveer un texto equivalente para todo contenido que no sea de tipo texto	Todo el contenido que no sea tipo texto debe contener un texto para su descripción, debe ser dinámico y ajustable para el usuario.
Proveer enlaces de texto para cada región activa de un mapa de imagen desde el lado del servidor.	Además de proveer texto equivalente, se debe navegar por las páginas haciendo uso de una interfaz de teclado.
Proporcionar una descripción de audio del contenido no textos más importantes como videos o	Se pretende que todo elemento multimedia posea una descripción de audio pero se debe analizar si el contenido a ser descrito tiene

presentaciones multimedia.	relevancia para el contenido de la página
Si una página no puede ser accesible se debe crear una aparte que si lo sea y posea el mismo contenido de la original	Cualquier página debe cumplir las pautas sin excepción.
Evitar el auto refresco de las páginas	El usuario debe estar en la capacidad de auto refrescar una página a su antojo.
Usar mecanismos de navegación consistentes	Las páginas deben conservar un mismo orden de presentación de contenido.

Un aspecto muy importante para tener en cuenta con este cambio en las directrices es que sin importar la página esta debe cumplir ciertas condiciones para que sea accesible; anteriormente se debía poseer un enlace a una página accesible siempre y cuando la original no pudiese cumplir con este requerimiento, lo que en realidad pasaba es que dichos sitios Web se desactualizaban con el tiempo ya que los administradores de páginas Web pues olvidaban actualizar y cambiar todo tipo de información contenida allí.

Conservar el orden de presentación de contenidos dentro de una página Web es también una directriz muy importante porque permite acceder a la información que se desea de diferentes formas, al tener los contenidos e información ordenados de la misma manera ahorra tiempo en el proceso de navegación y permite a los usuarios encontrar todo el contenido necesario.

3. ENTIDADES PRIVADAS Y PÚBLICAS TRABAJANDO EN EL DESARROLLO DE LAS NTIC EN BENEFICIO DE LA COMUNIDAD SORDA

A continuación mostramos una lista con los principales organismos públicos y/o privados que a través de subvenciones, financian proyectos de empresas y entidades sin ánimo de lucro que invierten en tecnologías, y cuyo principal objetivo es aplicar las NTIC a proyectos que favorecen la integración y autonomía y mejora de la calidad de vida de las personas con dicapacidad auditiva:

1. CONSEJERÍA PARA LA IGUALDAD Y BIENESTAR SOCIAL [1]

2. CONSEJERÍA DE ECONOMÍA, INNOVACIÓN Y CIENCIA [2]

3. FUNDACION TELEFÓNICA [3]

4. FUNDACION ORANGE [5]

5. FUNDACIÓN VODAFONE [4]

6. MINISTERIO DE INDUSTRIA, TURISMO Y COMERCIO

7. FUNDACIÓN CASER [44]

8. EMPRESA PUBLICA DE ADMINISTRADOR DE INFRAESTRUCTURAS FERROVIARIAS (ADIF) [45]

9. FUNDACIÓN DE TECNOLOGÍAS SOCIALES (TECSOS) DE LA CRUZ ROJA Y VODAFONE (48)

10. La empresa de telecomunicaciones QUALCOMM (49)

11. FUNDACIÓN ONCE (51)

12. Bankinter

13. FUNDACIÓN MAFRE

14. EN-SEÑA COMUNICACIÓN ACCESIBLE S.L. [54]

Por su importancia en el desarrollo de los principales proyectos relacionados con las NTIC y la comunidad sorda, vamos a hacer un análisis de las distintas acciones desarrolladas por el Ministerio de Industria, Turismo y Comercio en materia del desarrollo de las NTIC y la Sociedad de la Información, y en particular, vamos a destacar aquellas que han afectado muy positivamente a la comunidad sorda, esto es, el Plan Info XXI, el Plan España.es, El Plan AVANZA 1, y el Plan AVANZA 2.

En enero del año 2000 el Ministerio de Industria y Energía presenta su plan Info XXI (2000–2003) (ver Figura 2) [16] con el objetivo de implantar la Sociedad de la Información en España. El objetivo es que tanto ciudadanos como empresas puedan participar en su construcción y puedan aprovechar las oportunidades que ésta ofrece para aumentar la cohesión social, mejorar la calidad de vida y trabajo, y acelerar el crecimiento económico. El objetivo se formuló en los mismos términos que el plan eEurope 2002, es decir, «construir una Sociedad de la Información para todos», y para ello se dotó un presupuesto de 2.524,7 millones de euros. Como vemos en la línea Maestra 4 dedica un punto al desarrollo de aplicaciones innovadoras para colectivos con necesidades especiales y en la línea Maestra 6 otro a la accesibilidad Web.

LÍNEAS MAESTRAS DEL PLAN INFO XXI
Línea Maestra 1: Énfasis en la Educación y en la Formación
• Mejora del acceso y uso de las infraestructuras, redes y contenidos en todos los niveles educativos.
• Desarrollo y difusión de contenidos educativos de calidad.
• Integración de las TIC en los modelos pedagógicos.
• Formación del profesorado.
Línea Maestra 2: Creación de Empleo
• Establecimiento de puntos de atención al ciudadano para asistirlo en el uso de las TIC.
• Alfabetización informática.
• Formación de profesionales TIC.
• Fomento del teletrabajo.
Línea Maestra 3: Incremento de la Innovación
• Impulso a las actividades de I+D en el área de la SI.
• Promoción del sector TIC español
Línea Maestra 4: Aumento de la Eficacia de Ciudadanos, Administración y Empresas
• Mejora de las redes de la Administración.
• Difusión de las TIC entre las empresas, identificando buenas prácticas.
• Desarrollo de aplicaciones innovadoras para colectivos con necesidades especiales.
• Promoción del comercio electrónico.
• Aprovechamiento de las TIC para la gestión sanitaria, medioambiental y turística.
Línea Maestra 5: Cohesión Social
• Provisión de servicios públicos en la Red, simplificando los procedimientos administrativos.
• Atención a los colectivos con necesidades especiales.
• Informatización del sistema sanitario
Línea Maestra 6: Mejora de la Calidad de Vida de los Ciudadanos
• Establecimiento de puntos de acceso público.
• Accesibilidad web.
• Impulso a la domótica (1)
• Implantación de un programa para el acceso al sistema sanitario desde el hogar.
• Mejora de la comunicación de las zonas alejadas.
• Formación de las personas mayores en el uso de las TIC.
• Creación de redes y bancos de datos culturales.
Línea Maestra 7: Proyección Exterior de España
• Difusión de la cultura española y de la oferta turística a través de Internet.
• Promoción del castellano en la Red

(1) Se entiende por domótica el conjunto de sistemas que automatizan las diferentes instalaciones de una vivienda (Diccionario de la Real Academia Española).

Figura 2. Plan Info XXI

El plan España.es (2004-2005) (ver Figura 3) aprobado por el Ministerio de Industria en julio de 2003 fue diseñado a partir de las conclusiones de la comisión Soto. El proyecto se estructuró en torno a tres líneas rectoras, con el fin de superar los obstáculos identificados por la mencionada comisión:

1. Reforzar la oferta de contenidos y los servicios de calidad de modo que favoreciesen la demanda.

2. Mejorar la accesibilidad, ampliando la red de puntos de acceso público y desarrollando actuaciones para conectar a las PYMES.

3. Estimular la demanda mediante la formación y la comunicación de las ventajas de la Sociedad de la Información.

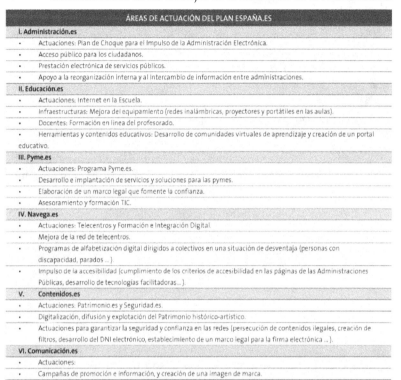

Figura 3. Plan España.es

Como vemos en el Plan España.es en su línea de acción dedica especial atención a la alfabetización digital en colectivos con discapacidad.

Posteriormente, el Ministerio de Industria lanzó el Plan Avanza (2006-2010) [35]. El Plan Avanza (2006-2010), aprobado por el Consejo de Ministros del 4 de noviembre de 2005, es el plan para el desarrollo de la Sociedad de la Información y de Convergencia con Europa y entre Comunidades Autónomas y Ciudades Autónomas que se integra en el eje estratégico de impulso al I+D+i (Investigación+Desarrollo+innovación) que puso en marcha el Gobierno a través del Programa Ingenio 2010, en línea con la iniciativa Europea i2010. Este plan ha supuesto la dedicación de más de 5.000 millones de euros entre 2005 y 2008 por parte del Ministerio de

Industria, Turismo y Comercio, a través de la Secretaría de Estado de Telecomunicaciones y para la Sociedad de la Información, con el objetivo del desarrollo de la Sociedad de la Información en España.

El Plan Avanza se orienta a conseguir la adecuada utilización de las NTIC para contribuir al éxito de un modelo de crecimiento económico basado en el incremento de la competitividad y la productividad, la promoción de la igualdad social y regional, y la mejora del bienestar y la calidad de vida de los ciudadanos. Este plan contempla cinco grandes áreas de actuación (ver Figura 4). Este plan contempla diferentes líneas de acción orientadas al colectivo de personas con discapacidad:

❖ En su primera línea de acción, Hogar e Inclusión de Ciudadanos, dedica un punto a la inclusión de ciudadanos con necesidades especiales;

❖ En la tercera línea de acción, Educación en la era Digital, dedica otra a los alumnos con necesidades especiales; y

❖ en su cuarta línea, Servicios Publicos Digitales, exige la adaptación de los portales públicos a las normas de accesibilidad.

ÁREAS DE ACTUACIÓN DEL PLAN AVANZA
I. Hogar e Inclusión de Ciudadanos
· Difusión, divulgación y comunicación de los usos de las TIC.
· Refuerzo de las redes de telecentros.
· Inclusión de los ciudadanos con necesidades especiales.
· Líneas de ayudas a las empresas para la formación TIC de sus empleados.
· Préstamos a los hogares y a los universitarios para el equipamiento y acceso TIC.
II. Competitividad e Innovación
· Acciones de divulgación de las TIC entre las pymes.
· Formación TIC para las pymes.
· Implantación de la factura electrónica.
· Préstamos a las pymes para la incorporación de las TIC.
· Apoyo al desarrollo de soluciones y aplicaciones sectoriales.
· Refuerzo de la protección de la propiedad intelectual.
· Planificación anticipada de la demanda TIC de las Administraciones Públicas.
· Creación de factorias de software.
· Impulso de la participación española en los programas de I+D+i europeos.
III. Educación en la Era Digital
· Refuerzo del equipamiento existente en los centros, con atención a los alumnos con necesidades específicas.
· Formación del profesorado.
· Incremento de la oferta de contenidos y aplicaciones TIC para la educación.
· Aumento del uso TIC en la educación.
IV. Servicios Públicos Digitales
· Adaptación de todos los portales públicos a los criterios de accesibilidad, con traducción a las lenguas oficiales.
· Desarrollo de la administración electrónica en los ayuntamientos.
· Eliminación de los documentos en papel entre las administraciones a favor del intercambio electrónico de datos.
· Impulso de la identidad digital.
· Desarrollo de una plataforma de servicios comunes para el conjunto de las administraciones.
· Difusión de buenas prácticas.
· Incorporación de las TIC a la Administración de Justicia.
· Desarrollo de la sanidad en línea.
V. Contexto Digital
· Extensión de la banda ancha a zonas rurales y aisladas.
· Campañas de sensibilización en materia de seguridad.
· Implantación del DNI electrónico.
· Desarrollo de una red de centros de seguridad y alerta.
· Difusión de buenas prácticas en materia de seguridad.
· Desarrollo de medidas legales sobre el uso comercial de la información generada por el sector público.
· Digitalización y difusión de los fondos del patrimonio cultural, especialmente bibliotecas y archivos.

Figura 4. Plan Avanza 1

Finalmente con el objetivo de afianzar los hitos alcanzados en el ámbito de Avanza surge el Plan Avanza 2 (2009-2012) en el contexto presupuestario del año 2009, que tras la evaluación de los resultados alcanzados hasta la fecha, refuerza determinadas líneas estratégicas y se agrupa en cinco ejes de actuación:

1. Desarrollo del sector TIC (línea dotada con 663 millones de euros en 2009), cuyo objetivo es apoyar a empresas que desarrollen nuevos productos, procesos, aplicaciones,

contenidos y servicios TIC, promoviendo, como prioridades temáticas básicas, la participación industrial española en la construcción de la Internet del Futuro y el desarrollo de contenidos digitales. Dentro de este eje se financian programas de innovación ligados a la SI que permiten seguir avanzando en la mejora de la competitividad del sector TIC y del conjunto de la economía española a escala internacional. Se refuerza en especial a las PYMES como destinatarias de las iniciativas de impulso y las convocatorias de ayudas públicas.

2. Capacitación TIC (línea dotada con 548 millones de euros en 2009), que persigue incorporar masivamente a la SI tanto a ciudadanos como a empresas, con una prioridad reforzada en las PYMES y sus trabajadores. Dentro de este eje, se refuerza la prioridad de incorporación a la SI de colectivos especiales, personas con discapacidad y mayores, así como la extensión de los beneficios de las TIC en las microempresas.

3. Servicios Públicos Digitales (línea dotada con casi 186 millones de euros en 2009), mediante la cual se mejora la calidad de los servicios prestados por las Administraciones Públicas en Red, con énfasis especial en el apoyo a las Entidades Locales y el desarrollo de las funcionalidades del DNI electrónico, de cuyo desarrollo España es pionera a escala internacional. Asimismo, esta línea apoya la creación de nuevas plataformas y contenidos en los ámbitos de educación y sanidad.

4. Infraestructura (línea dotada con 89 millones de euros en 2009), que refuerza el impulso al desarrollo y la implantación de la SI en entornos locales, mejorando la prestación de los servicios públicos electrónicos al ciudadano y las empresas mediante el uso de las TIC. Asimismo, se extiende la adopción de la TDT de cara a la plena sustitución de la TV analógica por la digital, en el marco del Plan Nacional de Transición a la TDT. Igualmente, se refuerza el desarrollo y aplicación de la nueva normativa de infraestructuras comunes de telecomunicaciones (ICT) en edificios y canalizaciones de telecomunicaciones en dominio público.

5. Confianza y Seguridad (línea dotada con casi 11 millones de euros en 2009), que persigue el doble objetivo de reforzar la

confianza en las TIC entre ciudadanos y empresas, mediante políticas públicas de seguridad de la información, y fomentar la accesibilidad de los servicios TIC.

Como vemos el segundo eje del Plan Avanza 2 está íntegramente dedicado a seguir profundizando en la capacitación tecnológica de nuestra ciudadanía, especialmente de los colectivos en riesgo de exclusión social.

En el Plan Avanza aprobado en el año 2005, así como el marco europeo en el que se encuadran este tipo de iniciativas, se han identificado 34 retos concretos que debe abordar España en el ámbito de las NTIC. En este contexto, la Estrategia 2011-2015 del Plan Avanza 2 va a centrar sus esfuerzos en la consecución de los siguientes 10 objetivos que facilitarán la superación de los retos definidos:

1. Promover procesos innovadores TIC en las AAPP

2. Extender las TIC en la sanidad y el bienestar social

3. Potenciar la aplicación de las TIC al sistema educativo y formativo

4. Mejorar la capacidad y la extensión de las redes de telecomunicaciones

5. Extender la cultura de la seguridad entre la ciudadanía y las empresas

6. Incrementar el uso avanzado de servicios digitales por la ciudadanía

7. Extender el uso de soluciones TIC de negocio en la empresa

8. Desarrollar las capacidades tecnológicas del sector TIC

9. Fortalecer el sector de contenidos digitales garantizando la mejor protección de la propiedad intelectual en el actual contexto tecnológico y dentro del marco jurídico español y europeo.

10. Desarrollar las TIC verdes

Para la consecución de los 10 objetivos definidos, se han identificados más de 100 medidas concretas que se deben articular, así como los indicadores de seguimiento que medirán su grado de consecución. Adicionalmente, se han identificado un conjunto de reformas normativas, necesarias tanto para eliminar barreras existentes a la expansión y uso de las NTIC, como para garantizar los derechos de los ciudadanos en la Sociedad de la Información.

Por otro lado, en cuanto al modelo de ejecución para la puesta en marcha de estas medidas, se mantiene el modelo de colaboración con todos los niveles de la Administración Pública, en especial con las Comunidades Autónomas y las entidades locales, así como de las entidades sin fines de lucro y las empresas privadas, iniciado por el Plan Avanza.

4. PROYECTOS BASADOS EN NTIC PARA LA COMUNIDAD SORDA

Vamos a analizar algunas de las iniciativas o proyectos más importantes que teniendo como eje principal el uso y aplicación de las NTIC se han desarrollado con objeto de mejorar la calidad de vida de la comunidad sorda en España. Estos son proyectos que han sido financiados por algunas de las entidades que hemos comentado en la sección anterior, e incluso a veces también desarrollados, bien individualmente o bien en colaboración con alguna entidad representativa de la comunidad sorda, como la Confederación Nacional de Personas Sordas (CNSE) [6], la Fundación de la CNSE [47], o la Federación Andaluza de Asociaciones de Personas Sordas (FAAS) [43]:

1. **PROYECTOS DESARROLLADOS POR LA FUNDACIÓN CNSE**

2. **PROYECTOS DESARROLLADOS POR LA FUNDACIÓN ORANGE**

3. **PROYECTOS DESARROLLADOS POR LA FUNDACIÓN VODAFONE**

4. **OTROS PROYECTOS**

4.1 PROYECTOS DESARROLLADOS POR LA FUNDACION CNSE

La Fundación CNSE para la Supresión de las Barreras de Comunicación es una organización estatal, sin ánimo de lucro, desde la que se impulsa la investigación y el estudio de la lengua de signos española, se trabaja por mejorar la accesibilidad de las personas sordas en todos los ámbitos y se promueve el desarrollo de proyectos que mejoren la calidad de vida de las personas sordas y de sus familias [47]. La Fundación CNSE nace en 1998 por voluntad de la Confederación Estatal de Personas Sordas, CNSE, organización que atiende los intereses de las personas sordas y sus familias en España. De esta forma la CNSE constituye esta Fundación para apoyar, a través de proyectos, programas y servicios, su labor hacia la plena participación social de las personas sordas.

En la Fundación CNSE se persiguen alcanzar dos grandes retos:

- En el ámbito social, se impulsa una presencia más activa y una mayor participación del colectivo de personas sordas, dando siempre apoyo al movimiento asociativo de personas sordas en particular y al de la discapacidad en general.

- En el ámbito personal, se trabaja para lograr el máximo grado de autonomía e independencia para nuestro colectivo.

En el ámbito de las NTIC y la comunidad sorda la Fundación CNSE lleva a cabo numerosos proyectos de innovación tecnológica, que por una parte, permiten que el colectivo de personas sordas participe de la sociedad de la información en igualdad de condiciones que el resto de la ciudadanía y, por otra, contribuye a la consecución de una vida plenamente accesible para ellos. De este modo, intenta que las personas sordas tengan un acceso sin barreras a la información. Para lograrlo, desarrolla multitud de acciones tales como el asesoramiento y la consultoría a entidades en materia de accesibilidad a la información, la adaptación de productos y servicios a nuestra realidad y la elaboración de estudios sobre esta materia.

A través de la puesta en marcha de proyectos en la red, la entidad ha facilitado a las personas sordas el acceso a través de su lengua natural, la Lengua de Signos Española (LSE), a la formación, la cultura o la información, fomentando así la comunicación plena con su entorno y facilitando su apertura hacia nuevas oportunidades laborales, profesionales y personales.

Los proyectos más destacados en materia de accesibilidad y tecnología que ha desarrollado la Fundación CNSE y que han contribuido a reducir la brecha digital y eliminar barreras en la comunidad sorda son los siguientes:

4.1.1 PROYECTO Svisual

S-visual el primer portal de España dedicado a proporcionar un servicio de video- interpretación en Lengua de Signos Española [46] (Figura 5). La Fundación CNSE para la Supresión de las Barreras de Comunicación en colaboración con la Confederación Estatal de Personas Sordas (CNSE) ha desarrollado este proyecto en 2010, financiado por el PLAN AVANZA, que cuenta con el apoyo del Ministerio de Industria Turismo y Comercio, el Ministerio de Educación, Políticas Sociales y Deporte, Telefónica, Fundación Cáser y Adif.

SVIsual hace posible que las personas sordas y con discapacidad auditiva puedan acceder a la información en igualdad de condiciones que el resto de la ciudadanía, uno de los aspectos que contempla la ley por la que se reconoce las lenguas de signos españolas.

Esta plataforma de video-interpretación permite a sus usuarios la comunicación a distancia y en tiempo real con otras personas sordas u oyentes. Cualquier persona sorda o con discapacidad auditiva puede acceder al servicio de interpretación que ofrece SVIsual, y comunicarse con total autonomía en lengua de signos española, lengua oral, mediante la lectura labial o a través de sistema Chat.

Garantizar una comunicación personal, directa e inmediata por fin es posible gracias a este nuevo servicio. SVIsual es la respuesta a las necesidades comunicativas del colectivo de personas sordas. La oportunidad de participar en un mundo más accesible.

Figura 5. Proyecto Svisual

Su funcionamiento es muy sencillo. SVIsual permite la conexión de audio y vídeo a tiempo real., a través de un video-intérprete que realiza las labores de interpretación solicitada por cada usuario con el fin de establecer una comunicación fluida con su interlocutor, ya se trate de personas sordas o con discapacidad auditiva o personas oyentes (ver Figura 6):

1. Podrás ponerte en contacto con el servicio de video- interpretación a través de un teléfono convencional.

2. Una vez que SVIsual reciba tu llamada, un video-intérprete te solicitará alguno de los siguientes datos de contacto de la persona sorda o con discapacidad auditiva con la que deseas contactar:

> • Nombre y apellidos, en el caso de que se trate de un usuario registrado.

> • Dirección IP.

3. El video-intérprete entrará en contacto con tu interlocutor a través de los datos facilitados y, cuando conteste, comenzará la video-interpretación.

60

En la figura 6 se muestra cómo funciona este servicio.

Figura 6. Funcionamiento de Svisual

Las principales opciones del servicio son las siguientes:

1. **Servicio de video mail:**

El servicio de Vídeo Mail de SVIsual sirve para avisar de llamadas recibidas mientras se está ausente o no disponible. Este servicio, completamente gratuito, envía automáticamente un mail a la cuenta de correo electrónico, en el que se indica el nombre y número de contacto de la persona que ha intentado ponerse en contacto ellos. A su vez, ofrece la posibilidad de que la persona que ha llamado pueda dejar un mensaje. El contenido de este mensaje será interpretado por el video-intérprete y depositado en la cuenta personal de cada usuario, que podrá consultar sus mensajes cuando quiera y donde quiera. Los mensajes permanecerán grabados en dicha cuenta un máximo de siete días, pudiéndose eliminar una vez visionados. Si el usuario lo prefiere, SVIsual ofrece la opción de grabar los mensajes en su propio ordenador y conservarlos el tiempo que desee.

2. Servicio de interpretación a distancia:

En aquellas entidades que tienen contratado el servicio SVIsual, cualquier persona sorda o con discapacidad auditiva podrá acudir a ellas y realizar en persona cuantas gestiones y consultas necesite gracias al servicio de "Interpretación a Distancia". Cuando una persona sorda o con discapacidad auditiva acuda a una oficina de una entidad que ha contratado el servicio SVIsual dispondrá de interpretación a distancia en lengua de signos, comunicándose con el videointérprete a través de un videoteléfono que la entidad pondrá a su disposición. La persona oyente que le atiende escuchará la interpretación realizada por el videointérprete gracias al auricular del videoteléfono y sus respuestas serán interpretadas en lengua de signos por el videointérprete.

3. Servicio de signo y voz

La modalidad de video- interpretación "Signo y Voz" es un servicio totalmente gratuito que SVIsual ofrece a todos sus usuarios registrados. Gracias a este sistema, cualquier usuario sordo o con discapacidad auditiva podrá comunicarse con una persona oyente a través de su propia voz si así lo desea. El interlocutor oyente escuchará directamente sus palabras y responderá de igual forma a través del video-intérprete, que a su vez, interpretará la información en la modalidad comunicativa que cada usuario elija. SVIsual se adapta a las características y preferencias de sus usuarios, ofreciéndoles un servicio personalizado.

4. Servicio de Svisual Web

Gracias al servicio de SVIsual Web cualquier persona sorda o con discapacidad auditiva podrá acceder a SVIsual desde un ordenador con webcam y conexión a Internet simplemente accediendo a la página web de SVIsual e iniciando una llamada.

5. Servicio de Mensajeria Instantánea

El servicio de mensajería instantánea es un complemento perfecto al servicio de video - interpretación que ofrece SVIsual. Mediante esta opción, el video-intérprete conecta automáticamente con el servicio de mensajería instantánea de cada usuario en el mismo momento en que se establece la conexión. De este modo, los usuarios pueden intercambiar mensajes escritos con el video-intérprete y viceversa. Esto enriquece la comunicación y permite recibir y transmitir datos concretos como nombres propios, direcciones, números de teléfono, etc. a través del Chat.

4.1.2 PROYECTO TELPES

El proyecto TELPES, Soluciones de Teleasistencia para Personas Sordas Mayores, que han impulsado la Fundación CNSE, Cruz Roja Española, Fundación Vodafone España y la Confederación Estatal de Personas Sordas (CNSE) a través de la financiación del Plan Avanza del Ministerio de Industria, y en el que también han colaborado la Fundación TECSOS, la Universidad Politécnica de Madrid y Qualcomm. Su objetivo es identificar el tipo de soluciones de teleasistencia necesarias dentro del colectivo de personas mayores sordas y comprobar su efectividad para la prestación de servicios de apoyo a domicilio, así como la capacidad actual de las NTIC para soportarlo.

El proyectoTELPES, integra sistemas de luces, vibraciones y sistemas de videollamada y de videointerpretación con lengua de signos, con lo que permite a los ancianos con problemas graves de audición beneficiarse de la teleasistencia como lo hace el resto de la población a la que va dirigido el servicio. El proyecto TELPES pretende "resolver el problema de la teleasistencia inaccesible" a las personas mayores sordas, que según el Instituto Nacional de Estadística (INE) son un total de 463.990, aunque no todas precisarán de este servicio por no vivir solas. Para ello, el usuario dispone de una unidad de videollamada conectada a la televisión que le permite comunicarse con las personas de Cruz Roja a través de lengua de signos, si la conoce, imágenes y pictogramas sencillos diseñados para tal efecto.

Para su validación, usuarias y usuarios sordos de distintas comunidades autónomas han testado el servicio en el entorno real de sus propios domicilios. Esta labor ha sido posible gracias al apoyo de las federaciones de personas sordas de la Comunidad de Madrid (FESORCAM), Castilla y León (FAPSCL) y la Comunidad Valenciana (FESORD CV), el de la Agrupación de Personas Sordas de Zaragoza y

Aragón (ASZA) y el de las Asambleas Provinciales de Cruz Roja en Valladolid, Valencia y Madrid. El objetivo final es que forme parte de la teleasistencia real que se desarrolla en España.

Actualmente en Granada a través de la empresa SERGESA y la colaboración de Agrupación de Personas Sordas de Granada y Provincia, se ha seleccionado a un grupo de 5 personas sordas para llevar a cabo una experiencia piloto del servicio de Teleasistencia . Para ello se ha seleccionado a un grupo de 5 personas mayores que cumplen el siguiente perfil:

- Mayores de 65 años

- Con habilidades en la lecto-escritura

El proyecto TELPES ha sido galardonado con el Premio IMSERSO Infanta Cristina 2010 a la Investigación, al Desarrollo y a la Innovación por su contribución a la mejora en la atención a las personas mayores sordas.

4.1.3 PROYECTO CIUDAD SORDA VIRTUAL

Ciudad Sorda Virtual [50] (ver Figura 1) es un proyecto llevado a cabo desde la Fundación CNSE para la supresión de las barreras de comunicación en la Web. Este ciudad sorda vitual es la primera comunidad en la Red especialmente dirigida a las personas sordas y un verdadero ejemplo de accesibilidad a la información. Una urbe de vanguardia en Internet mediante la cual la Fundación CNSE ha trasladado la innovación tecnológica al entorno de las personas sordas. Ciudad Sorda Virtual se encuentra estructurada en distintos barrios temáticos y dispone de un amplio abanico de espacios y recursos totalmente adaptados a sus usuarios, que no encuentran en ella ninguna limitación a la hora de utilizar servicios, participar en sociedad e intercambiar información, ya que a través de la incorporación de vídeos en lengua de signos española se han eliminado todas las barreras de comunicación.

Ciudad Sorda Virtual es un proyecto surgido de la necesidad de crear una web adaptada a la lengua natural de las personas sordas, la **Lengua de Signos**. Los objetivos que se persiguen con la creación de esta web son:

1. Crear una herramienta donde las personas sordas puedan comunicarse y disfrutar en su lengua natural.

2. Crear una ciudad virtual adaptada a las personas sordas.

3. Ciudad Sorda Virtual pretende ser un punto de encuentro entre personas Sordas de muy diferente lugares.

4. Conseguir que en un futuro sean ellos los que administren la página y controlen tanto el chat como el foro.

5. Informar a las personas sordas de todas las noticias y novedades que se producen en su colectivo.

-

Como hemos comentado, Ciudad Sorda Virtual es una urbe dividida en barrios que están dedicados a diferentes temas de interés. Cada barrio, denominado con el nombre de algún personaje relevante para la comunidad sorda, está destinado a un contenido distinto por ej: Barrio Prádez contiene información sobre cursos y becas de estudios; Barrio de Hellen Keller destinado a hacer amigos y participar en los foros que ofrece el barrio. Cabe destacar también, el Barrio de Goya, dedicado al Ocio y a la Cultura, el Barrio de Prádez que gira en torno a temas de formación y educación o el Barrio de Vinton Cerf, centrado en las NTIC. Al entrar en cada espacio, las personas sordas y oyentes que navegan en esta web pueden encontrar una breve descripción de su contenido junto a la reseña biográfica de un personaje sordo ilustre. Además, toda la información es accesible en Lengua de Signos Española.

4.1.4 PROYECTO SISTEMA DE TRADUCCION DE VOZ A LENGUA DE SIGNOS ESPAÑOLA PARA UN SERVICIO PÚBLICO DE ATENCIÓN PERSONAL

Este proyecto desarrollado por la Fundacion CNSE en colaboración con la Univ. Politécnica de Madrid y con financiación del Plan Avanza y la Fundación ONCE, pretende desarrollar y evaluar una arquitectura software que permita la traducción en los dos sentidos de voz a Lengua de Signos Española (LSE). El resultado de la traducción se signa mediante un agente animado en 3D. Con el fin de evaluar y probar la arquitectura planteada se han desarrollado dos demostradores aplicados a los diálogos entre una persona sorda y el funcionario público cuando atiende personalmente. Se han realizado demostraciones en la gestión de la renovación del carnet de identidad y del carnet de conducir. Los principales resultados obtenidos han sido:

- Una arquitectura software de traducción de voz a LSE y en sentido contrario.

- Dos demostradores que permiten la traducción bidireccional de voz a LSE aplicados a traducir las frases de un funcionario en servicios públicos de atención personal.

- Herramientas de ayuda a la traducción entre el castellano y la LSE que faciliten una comunicación fluida entre personas sordas y oyentes en servicios públicos de atención.

4.2 PROYECTOS DESARROLLADOS POR LA FUNDACIÓN ORANGE

La Fundación Orange se ha preocupado fundamentalmente de la accesibilidad de las personas sordas al mundo de la cultura. Su principal aportación en este sentido se encuadra en el proyecto ACCESIBILIDAD DE LAS PERSONAS SORDAS AL MUNDO DE LA CULTURA. En el marco de este proyecto se han desarrollado

Las Signoguías para museos

La signoguías son unos dispositivos portátiles multimedia (PDA) equipados con reproductores de vídeo, en los que se explican los contenidos seleccionables en Lengua de Signos Española y subtitulado (Figura 7). Su objetivo es proporcionar autonomía en la visita al Museo a las personas sordas, mediante un manejo sencillo y una cómoda navegación. El servicio de signo-guías está disponible de forma gratuita.

Figura 7. Signoguías

El servicio de Signo-guías promovido por la Fundación Orange está disponible en los siguientes museos:

Museo Nacional Centro de Arte Reina Sofía, de Madrid,

Desde noviembre de 2007. Apoyado por el Ministerio de Industria, Turismo y Comercio a través del Plan Avanza, con la colaboración técnica de la Fundación CNSE y la realización técnica de Antenna Audio.

Museo Nacional de Arte Romano de Mérida

Desde mayo de 2008. Con la colaboración del Ministerio de Cultura y la Fundación CNSE y la realización técnica de Antena Audio.

Museo Thyssen-Bornemisza, de Madrid

Desde junio de 2009. Con la colaboración de la Fundación CNSE y la realización técnica de GTP.

Museo Nacional y Centro de Investigación de Altamira

Desde julio de 2009. Con la colaboración del Ministerio de Cultura y la Fundación CNSE y la realización técnica de Antenna Audio.

Museu Nacional d'Art de Catalunya (MNAC) : Próximamente.

Alhambra de Granada: Próximamente

4.3 PROYECTOS DESARROLLADOS POR LA FUNDACIÓN VODAFONE

Uno de los compromisos de Vodafone es aumentar la inclusión de las personas con discapacidad a través de las telecomunicaciones. Así,

67

dentro de la "Innovación Responsable", la compañía tiene como uno de sus objetivos el contribuir a que cualquier persona con alguna discapacidad sensorial, física o cognitiva, se pueda comunicar de forma sencilla y pueda mejorar tanto su calidad de vida, como su integración socio-laboral. En los últimos años, la actividad de Vodafone España en el ámbito de los productos y servicios sociales se ha incrementado de forma notable y, como resultado, disponen de un significativo número de productos y servicios que acercan las telecomunicaciones a las personas con discapacidad, entre los que destacamos los siguientes:

1. **Para la discapacidad auditiva ofrece:**

   ❖ Teléfonos con señalización de llamada a través de vibración y señales luminosas.

   ❖ Volumen de llamada ajustable.

2. **Si la persona sorda utiliza prótesis auditiva ofrece:**

   ❖ Teléfonos adaptados para evitar interferencias con tu audífono.

3. **Para comunicarse vía texto o en Lengua de Signos, ofrece:**

   ❖ Los teléfonos Vodafone te permiten el envío de SMS

   ❖ Con dispositivos de texto, que te permiten comunicarte a través de e-mail

   ❖ Y dispositivos con doble cámara con los que podrás realizar videollamadas.

4. **Vodafone Signo Tarifa**

- **Vodafone Signo Tarifa** es un plan de precios diseñado en colaboración con la Confederación Estatal de Personas Sordas (CNSE) con el fin de facilitar la comunicación a personas sordas. Facilita al usuario comunicarse de distintas maneras, ya sea a través de SMS, email o "BlackBerry Messenger" (una aplicación que permite el intercambio de mensajes instantáneos entre los usuarios, desde cualquier lugar y en cualquier momento). La tarifa incluye navegación web ilimitada y correo electrónico (Blackberry o Nokia Real Mail) (Figura 8). Incluye además video llamadas gratuitas entre móviles Vodafone (solo para móviles Nokia) y 350 SMS gratis al mes. Además, prestan un servicio de atención al cliente exclusivo para personas con discapacidad auditiva para resolver cualquier consulta, reclamación o aclaración sobre este producto u otros:

- a través del correo electrónico **soportevf_accesible@vodafone.es**
- o a través del fax **607 130 337**

Figura 8. Telefonos Vodafone para la Comunidad Sorda

5. Pack TLoop Nokia

- Vodafone, en colaboración con la Confederación Española de Familias de Personas Sordas (FIAPAS) [52], lanza el Nuevo Pack T-Loop Nokia. **LPS5** es el nuevo accesorio manos libres para usuarios de audífonos o implantes cocleares con posición T (Figura 9). Con este dispositivo, que funciona a través de bluetooth, mejorará las comunicaciones, disfrutarás de un sonido más claro y evitarás interferencias. Es compatible con casi todos los modelos de móvil que tengan bluetooth, Vodafone ofrece este Nokia 2330, fácil de usar.

Figura 9. Telefono Nokia con LPS5

- **LPS5 Bucle inalámbrico**
    - Fácil de usar
    - Permite filtrar el ruido de fondo
    - Aviso por vibración

- **NOKIA 2330**
    - Teclas grandes: fáciles de usar
    - Cámara VGA
    - Resistente y práctico

6. Dicta SMS

- Este servicio es especialmente útil para las personas con discapacidad auditiva porque convierte la voz en texto (SMS): Con Dicta SMS, si te llaman y no puedes coger el teléfono, la persona que lo hace, podrá grabar un mensaje de voz que convertiremos a texto y que se entrega por SMS.

4.4 OTROS PROYECTOS

A continuación mencionamos otros proyectos de interés desarrollados por diferentes empresas y fundaciones:

1. MI HIJO SORDO. UN MUNDO DE RESPUESTAS DESARROLLADO POR LA FUNDACIÓN CNSE JUNTO CON FUNDACIÓN MAFRE

La Fundación CNSE ha elaborado, con el apoyo de la FUNDACIÓN MAPFRE, ha desarrollado el proyecto "MI HIJO SORDO. UN MUNDO DE RESPUESTAS" [53], un web site (Figura 10) dirigido a familias con hijas e hijos sordos que pretende resolver distintas cuestiones que los propios padres y madres se preguntan. Tras recibir el diagnóstico, es frecuente que a las familias les surjan muchas dudas acerca del presente y futuro de su hijo: ¿Si mi hijo usa la lengua de signos hablará? ¿Cómo le cuento un cuento? ¿A qué colegio le llevo...?

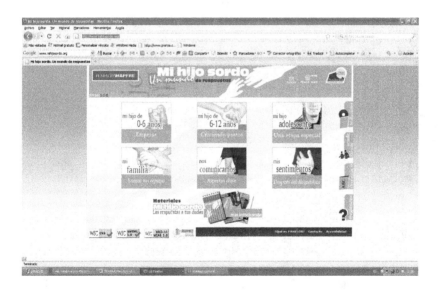

Figura 10. Web site de MI HIJO SORDO

Sin duda, las preguntas que pueden surgir en el seno de una familia son muy variadas e irán cambiando a medida que ese niño o niña vaya creciendo. MI HIJO SORDO pretende responder a dichos interrogantes en función de la edad y/o de situaciones concretas que se suceden en la vida familiar.

De esta manera, se ofrece a las familias con hijas e hijos sordos un mundo de respuestas, información, direcciones útiles, y la posibilidad de enviar sus dudas a profesionales especializados en este ámbito.

2. SERVICIO DE ASESORAMIENTO INTERACTIVO BANCARIO EN LENGUA DE SIGNOS DE BANKINTER

Bankinter en colaboración con la CNSE lanza un servicio de asesoramiento interactivo para personas sordas en Lengua de Signos que utiliza las posibilidades de Internet para facilitar asesoramiento financiero multimedia a través de expertos en Lengua de Signos. Este servicio, denominado Servicio de Videollamada en Lengua de Signos, se realiza en vivo, de forma personalizada y totalmente adaptado a las necesidades de la comunidad sorda.

Videollamada es un servicio de relación multimedia a disposición de los clientes que Bankinter puso en marcha hace algo más de tres años y que permite beneficiarse de lo mejor de cada canal tradicional: la atención personal, especializada y de amplio horario de la banca telefónica, la eficiencia e inmediatez a distancia de Internet, así como la cercanía y el toque humano de la oficina física.

Bankinter lanza ahora una nueva versión del servicio Videollamada adaptado a la Lengua de Signos, facilitando así el asesoramiento personalizado a distancia a las personas sordas, que hasta ahora no podían comunicarse en su propia Lengua con un asesor bancario.

El Servicio Videollamada en Lengua de Signos de Bankinter va más allá de un mero servicio de intérprete. Está atendido por personas sordas expertas en Lengua de Signos Española y Americana, con experiencia y formación financiera, lo que permite ofrecer un asesoramiento bancario y de inversión completo y con los máximos niveles de calidad en la atención del cliente.

Este servicio es totalmente gratuito para los clientes de Bankinter y está disponible tanto desde los rincones informáticos de la red de oficinas de Bankinter, como desde cualquier otro lugar donde se disponga de un ordenador con conexión a Internet (ADSL), dotado con webcam, y la instalación de un software que se descarga de forma inmediata en la primera conexión.

Con esos mínimos requisitos, cualquier persona sorda puede ponerse en contacto con el banco, utilizando un sistema de imagen en vivo que, además de posibilitar la comunicación en Lengua de Signos entre asesor y cliente, o mediante chat, permite a ambos compartir en pantalla documentos, aplicaciones informáticas o páginas de Internet, lo que incrementa tanto la capacidad de la función asesora, como la resolución de dudas o la comercialización a distancia de productos y servicios bancarios. El servicio permite, asimismo, enviar documentación encriptada al ordenador del cliente, lo que lo convierte en un canal seguro y confidencial.

Como complemento y apoyo a esta aplicación, Bankinter ha puesto en marcha internamente, entre empleados de Banca Telefónica, una acción formativa on line a través de la que se impartirán los fundamentos básicos de Lengua de Signos Española.

3. APLICACIÓN "DÍMELO TÚ" DE APPSTORE Y EN-SEÑA COMUNICACIÓN ACCESIBLE

AppStore ha lanzado una nueva aplicación, desarrollada por En-seña Comunicación Accesible S.L. [54] en colaboración con HealthyMobileApps [55], pensada para el aprendizaje de lengua de signos para sordos, según informa la compañía. La aplicación, que lleva el nombre de 'Dímelo tú', estará disponible para iPhone, iPod y iPad, con el fin de facilitar la labor de padres y educadores a la hora de enseñar lengua de signos a los hijos y alumnos sordos.

El principal objetivo de este método bilingüe es enseñar a utilizar un sistema de comunicación viso-gestual. Además, explica que la sencillez, precisión y el aspecto lúdico de su diseño hace que sea accesible tanto a pequeños como a adultos. Todo el contenido está creado en español y siguiendo la Lengua de Signos Española. De este modo, los niños a través de las instrucciones guiadas por los personajes protagonistas irán descubriendo qué es, cómo es y para qué sirve la lengua de signos. También aprovecharán al máximo la capacidad expresiva de su propio cuerpo y ejercitarán los aprendizajes de base necesarios para garantizar un desarrollo óptimo.

4. SERVICIO DIALOGA DE ADIF

El Servicio Dialoga, desarrollado por ADIF junto con la Fundación CNSE y el CERMI, permite atender consultas telefónicas y presenciales en tiempo real, así como ofrecer información tanto escrita como a través de la lengua de signos española en las estaciones ferroviarias. El sistema facilita el acceso a la información y a la comunicación a las personas sordas y con discapacidad auditiva utilizando las NTIC.

El Servicio Dialoga permite, en primer lugar, dar una respuesta específica a las llamadas realizadas por personas sordas al teléfono de atención al cliente de Adif. Los usuarios podrán acceder al centro de información telefónica de Adif (902 43 23 43) a través de un móvil con conexión GRPS. Mediante una aplicación gratuita que deberán descargarse desde www.adif.es en su móvil, podrán establecer una comunicación vía texto en tiempo real, rápida y sencilla, y con atención permanente 24 horas, sin tener que enviar o recibir mensajes. El acceso puede efectuarse por escrito, desde cualquier punto de España. El usuario recibirá, de forma instantánea y también por escrito, la respuesta de un gestor que atenderá todas sus consultas, en un formato similar al de la mensajería instantánea vía Internet. Asimismo, está prevista la inserción en las pantallas de las estaciones de vídeos pregrabados de profesionales expertos en Lengua de Signos Española, orientados a alertar a los usuarios sobre posibles incidencias, así como mensajes de texto que ofrecerán información de interés general (aproximación, estacionamiento y salida de trenes, incidencias, etc.). Esta actuaciones se desarrollará inicialmente en las estaciones de Barcelona Sants, Ciudad Real, Córdoba, Girona, Madrid Chamartín, Madrid Puerta de Atocha, Málaga-María Zambrano, Oviedo, Sevilla Santa Justa y Valladolid-Campogrande.

Igualmente, en estas mismas estaciones, Dialoga ofrecerá un servicio de videoconferencia con intérprete de Lengua de Signos Española que permitirá atender los requerimientos de información personalizada y otras consultas. A través del Servicio de Atención al Cliente, se contactará con una plataforma de videointerpretación, de tal modo que un videointérprete permita la comunicación en tiempo real con el usuario que lo solicite y con los responsables del área de atención al cliente de las estaciones. Además, y con el objetivo de facilitar la interacción entre el personal de las estaciones y las personas sordas o con discapacidad auditiva, está prevista la realización de cursos de Lengua de Signos Española a los propios trabajadores de las estaciones.

5. EN CASER HABLAMOS COMO TÚ

Dentro de la iniciativa "En Caser Hablamos Como Tú" Caser [44] ha firmado un convenio con la **CNSE**, para el lanzamiento de una campaña que ofrecerá a las personas sordas la posibilidad de diseñar y proponer mejoras en los productos de seguros de la compañía y conseguir así, que se adecuen a sus necesidades.

La acción, enfocada a los productos de Autos, Hogar y Salud, se articulará a través de un concurso que, por primera vez, permitirá que sean los propios usuarios los que diseñen un *seguro a su medida* a través de sus propuestas. Éstas se recogerán y gestionarán en un microsite diseñado para este proyecto que se enmarca dentro de la iniciativa " *En Caser hablamos como tú*", puesta en marcha por ambas entidades, con la idea de difundir e implantar un seguro que contemple las necesidades reales del colectivo de personas sordas en este ámbito.

Las personas interesadas en participar podrán hacerlo accediendo al microsite de Innovación Caser CNSE (http://innovacion.caser.es/cnse), donde podrán enviar sus ideas a partir del 3 de diciembre y hasta el próximo 31 de enero de 2011. Se otorgarán tres premios a las mejores ideas, entre los que destaca un viaje para dos personas al XVI Congreso Mundial de Personas Sordas en Durban, Sudáfrica.

Esta iniciativa supone un paso más en el compromiso que Caser mantiene con las personas con discapacidad. En este sentido, el pasado año Caser, también en colaboración con la CNSE y su Fundación, implantó un innovador sistema que permite a las personas sordas aseguradas dar sus partes por teléfono o solicitar información de producto accediendo a la comunicación con la compañía a través del sistema de videointerpretación SVIsual.

6. INICIATIVAS DE LA WEB 2.0

La Web 2.0 y las redes sociales que se fomentan en las aplicaciones Web 2.0 han supuesto para la comunidad sorda un importante acceso a la comunicación. A través de estas redes sociales tanto las personas en general como las personas sordas han encontrado un lugar donde compartir sus ideas y su vida [40]. Si la comunidad sorda estaba " condenada" a relacionarse con su entorno más próximo, (grupo de amigos, familiares, centro de formación etc..) las redes sociales de la Web 2.0 han contribuido a compartir su experiencia de vida con un grupo innumerable de personas que pueden o no ser sordas. Se están produciendo una verdadera ruptura de las barreras digitales en la comunidad sorda.

A modo de ejemplo algunas iniciativas en la Web 2.0 vinculadas con la comunidad sorda son las siguientes:

1. **Facebook:**

Facebook crea un foro exclusivo para personas sordas donde pueden compartir con otras personas sordas, hacer amigos, compartir fotos y vídeos, hacerse recomendaciones de noticias y/o turismo y cultura.etc.

2. **Youtube**:

Youtube cuenta con una persona sorda propietaria, Vinton Cerf, matemático y vicepresidente de Google. Esto hace que YouTube, el mayor intercambiador de videos del mundo en la Web, sea cada vez más el canal de las personas sordas. Primero fue la aparición de videos en las distintas lenguas de signos, y después con el anuncio de los responsables de la empresa encabezados por el propio Cerf de los sistemas automatizados para introducir los subtítulos en todos los videos. El proceso será gradual pero lo importante es que ya ha empezado. El sitio propiedad de Google probó subtítulos automáticos en una serie de videos de la Universidad de California, la Universidad de Yale y

National Geographic en noviembre pasado en una apuesta por hacer el sitio más accesible a sordos y personas con problemas auditivos. YouTube planea añadir subtítulos automáticos a todos sus nueve millones de videos en idioma inglés, que se irá ampliando a otros idiomas en los siguientes meses. Los subtítulos automáticos son creados usando la búsqueda Voice de Google el cual analiza las pistas de audio del video clip. "Veinte horas de video se suben a YouTube cada minuto. Hacer algunos de estos videos más accesibles a las sordas o que habla idiomas distintos, no sólo representa una avance significativo en la democratización de la información, también puede ayudar a fomentar una mayor colaboración y entendimiento", dijo el gerente de producto de YouTube, Hiroto Tokusei, en un blog.

3. **Aplicaciones Web creadas por la comunidad sorda:**

Al amparo de todas estas redes sociales han aparecido algunas otras creadas por la propia comunidad sorda.

- http://www.parasordos.com
- http://www.sordonautas.com
- http://signoforo.blogspot.com/

5. CONCLUSIONES

En este trabajo hemos analizada las distintas iniciativas que se están desarrollando en nuestro país con ayuda de las NTIC de cara a reducir las barreras sociales de la comunidad sorda e incrementar su calidad de vida.

Para ello, nos hemos centrado en tres grandes aspectos:

- Analizar las iniciativas legislativas que se han desarrollado para mejorar la accesibilidad de la comunidad sorda, y especialmente aquellas que contribuyen a mejorar la accesibilidad a las NTIC y a impulsar aplicaciones basadas en NTIC que mejoran la accesibilidad.

- Identificar algunas de las principales empresas e instituciones públicas que financian y/o desarrollan proyectos basados en NTIC para la comunidad sorda. Hemos mostrado que un instrumento fundamental para ello ha sido los planes para el desarrollo de las NTIC implantados por el Ministerio de Industria desde el año 2001.

- Describir algunos de los principales proyectos desarrollados por asociaciones de personas sordas, especialmente por la Fundación de CNSE, con la colaboración financiara y técnica de diferentes fundaciones y empresas de telecomunicaciones, principalmente.

A modo de resumen, podemos decir que en la comunidad sorda hay un clamor por desarrollar su propia lengua, LA LENGUA DE SIGNOS ESPAÑOLA, y están trabajando en distintas iniciativas basadas en NTIC que pretenden implantarla en la sociedad y con ello eliminar barreras, incrementar su accesibilidad y mejorar su calidad de vida.

6. BIBLIOGRAFIA

1. Consejería Para la Igualdad y Bienestar Social. http://www.juntadeandalucia.es/igualdadybienestarsocial /opencms/system/modules/com.opencms.presentacionC IBS/paginas/portada.jsp

2. La Consejería de Economía, Innovación y Ciencia. http://www.juntadeandalucia.es/economiainnovacionycie ncia/cocoon/index.html

3. Fundación Telefónica. http://www.fundacion.telefonica.com/es/index.htm

4. Fundación Vodafone. http://fundacion.vodafone.es

5. Fundación Orange. http://www.fundacionorange.es

6. La Confederación Nacional de Personas Sordas. http://www.cnse.es/

7. Ciudad Sorda. http://www.ciudadsorda.org/principal/index.php

8. Convención sobre los derechos de las personas con discapacidad Naciones Unidas Enable. Consultado:06-03-2009.

9. Pautas de Accesibilidad al contenido Web, http://www.w3c.es/traducciones/es/wai/intro/wcag.

10. Carta de Derechos Fundamentales de la Unión Europea. http://www.europarl.europa.eu/charter/pdf/text_es.pdf

11. Plan de Acción eEurope 2002. http://europa.eu/legislation_summaries/information_soci ety/l24226a_es.htm

12. Plan de Acción eEurope 2005. http://eur-lex.europa.eu/LexUriServ/LexUriServ.do?uri=COM:2002:0 263:FIN:ES:PDF

13. Francesc Aragall. 'European Concept of Accessibility', 2003.

14. Ley 39/2006, de 14 de diciembre, de Promoción de la Autonomía Personal y Atención a las personas en situación de dependencia. **BOE** núm. 299 de 15 de diciembre de 2006 .

15. Ley 13/1982, de 7 de abril, de integración social de los minusválidos. **B.O.E.** núm. 103 30 de abril de 1982.

16. Plan de Acción Info XXI. http://www.internautas.org/documentos/infoxxi.pdf

17. Ley 34/2002, de 11 de julio de Servicios de la Sociedad de Información y Comercio Electrónico. http://es.wikipedia.org/wiki/Ley_de_Servicios_de_la_Soc iedad_de_Informaci%C3%B3n_de_Espa%C3%B1a

18. I Plan Nacional de Accesibilidad 2004-2012. http://usuarios.discapnet.es/disweb2000/lex/AccePlan20 04-2012.pdf

19. Fundación Sidar- Acceso Universal. http://www.sidar.org/recur/direc/legis/index.php

20. La Convención de Derechos de las Personas con Discapacidad. http://www.un.org/spanish/disabilities/convention/qand a.html.

21. Normas Uniformes sobre la igualdad de oportunidades para las personas con discapacidad. http://www.un.org/esa/socdev/enable/dissres0.htm

22. Resolución del Consejo sobre "Accesibilidad electrónica". http://www.fundacionuniversia.net/fichero?id=197

23. Directiva 2004/18/CE. http://europa.eu/legislation_summaries/internal_market/ businesses/public_procurement/l22009_es.htm

24. Resolução de Conselho de Ministros N° 97/99, http://www.acesso.umic.pt/acesso/res97_99.htm

25. El Irish National Disability Authority. http://www.nda.ie/.

26. Legges Stanca. http://www.sidar.org/recur/direc/legis/disegno_Stanca_ disabili.pdf

27. La Seccion 508. http://www.accessboard.gov/sec508/language/spanish.ht ml#Head2-7

28. LEY 51/2003, de 2 de diciembre, de igualdad de oportunidades, no discriminación y accesibilidad universal de las personas con discapacidad, conocida como "LIONDAU". http://www.sidar.org/recur/direc/legis/liondaupcd.pdf

29. "II Plan de Acción para las personas con discapacidad 2003-2007". http://www.sidar.org/recur/direc/legis/iipapcd2003_2007 .pdf

30. REAL DECRETO 366/2007. http://www.boe.es/boe/dias/2007/03/24/pdfs/A12852-12856.pdf

31. Ley 11/2007. http://www.boe.es/boe/dias/2007/06/23/pdfs/A27150-27166.pdf

32. Real Decreto 1494/2007. http://www.sidar.org/recur/direc/legis/realdec1494-2007.php

33. Ley 49/2007. http://www.boe.es/boe/dias/2007/12/27/pdfs/A53278-53284.pdf

34. LEY 56/2007, de 28 de diciembre, de Medidas de Impulso de la Sociedad de la Información. http://www.boe.es/boe/dias/2007/12/29/pdfs/A53701-53719.pdf

35. Plan Avanza. http://www.planavanza.es/InformacionGeneral/PlanAvan za1/Paginas/PlanAvanza.aspx

36. Orden PRE/446/2008, http://www.boe.es/boe/dias/2008/02/25/pdfs/A11086-11090.pdf.

37. Instrumento de Ratificación de la Convención de Derechos de las Personas con Discapacidad, dado el 21 de abril de 2008. http://www.boe.es/boe/dias/2008/02/25/pdfs/A11086-11090.pdf

38. Ley 7/2010, de 31 de marzo, General de la Comunicación Audiovisual. http://www.boe.es/boe/dias/2010/04/01/

39. Ordenanza para la accesibilidad y la eliminación de barreras arquitectónicas, urbanísticas, del transporte y de la comunicación. . Ayuntamiento de Granada. Bienestar Social.1997

40. JIMÉNEZ, Richard. Accesibilidad de la Población Sorda a la Web, Aspectos a Profundizar. En: Primer Encuentro Nacional "Lenguaje, Cultura y Tecnología en la Persona Sorda". Universidad Manuela Beltrán. Bogotá, Septiembre 5-6 de 2008

41. La Ley 27/2007 de 23 de octubre, por la que se reconocen las lenguas de signos españolas y se regulan los medios de apoyo a la comunicación oral de las personas sordas, con discapacidad auditiva y sordociegas. http://www.boe.es/boe/dias/2007/10/24/pdfs/A43251-43259.pdf

42. T. Berners-Lee, J. Hendler, O Lassila. The Semantic Web. Scientific American, May 2001.

43. Federación Andaluza de Asociaciones de Personas Sordas. http://www.faas.es/

44. Fundación   Caser. http://www.fundacioncaser.es/fundacion/opencms/es/Home/index.html

45. ADIF. http://www.adif.es/es_ES/conoceradif/conoceradif.shtml

46. Svisual. http://www.svisual.org/

47. Fundacion CNSE. http://www.fundacioncnse.org/

48. Fundación TECSOS. http://www.fundaciontecsos.es/

49. Qualcomm. http://www.qualcomm.es/

50. Ciudad   Sorda   Virtual. http://www.ciudadsorda.org/principal/index.php

51. Fundación Once. www.fundaciononce.es

52. FIAPAS. http://www.fiapas.es/FIAPAS/index.html

53. MI HIJO SORDO. UN MUNDO DE RESPUESTAS. http://www.mihijosordo.org/

54. En-seña Comunicación Accesible. http://www.en-sena.com/

55. HealthyMobileApps. http://www.healthymobileapps.com/es/hma_es/Grupo.html